드림 시크릿

드림 시크릿 DREAM SECRET

로버트 모스 지음
정연희 옮김

1판 1쇄 발행 | 2008. 11. 5

발행처 | **Human & Books**
발행인 | 하응백
출판등록 | 2002년 6월 5일 제2002-113호
서울특별시 종로구 경운동 88 수운회관 1009호
기획 홍보부 | 02-6327-3535, 편집부 | 02-6327-3537, 팩시밀리 | 02-6327-5353
이메일 | hbooks@empal.com

값은 뒤표지에 있습니다.
ISBN 978-89-6078-049-1 03320

일상에서 발견한 세 가지 성공 키워드

드림 시크릿

DREAM
SECRET

로버트 모스 지음 | 정연희 옮김

Human & Books

우리가 잊고 있었던 세 가지의 힘

"그건 **단지** 꿈에 지나지 않아."

"그건 꿈일 **뿐이야.**"

우리는 자신에게 또는 남에게 이런 말을 얼마나 자주 하면서 살아왔는가?

이 말도 많이 하지 않았는가?

"그건 단지 우연일 뿐이야."

툭 터놓고 말하자. 우리는 어떤 순간에 분명 이렇게 말한 적이 있었다.

이런 혼잣말은 또 얼마나 자주 했는가?

"그건 상상에 지나지 않아."

"다 내가 만들어낸 이야기지 뭐."

언제나 이런 식이었다. 상상은 현실성이 없는 거라고 되뇌면서 생각이나 감정, 직관, 심상 같은 것이 떠오를 때마다 우리는 습관적으로 이를 무시해왔다.

일상적인 대화에서, 혹은 반사적으로 튀어나오는 행동에서 우리는 **꿈과 우연과 상상을** 단지 이런 것, 단지 저런 것이라고 말하면서 우습게보거나 얕잡아 보아왔다.

역설적으로 들리겠지만, 우리가 "단지" 혹은 "~일 뿐"이라고 말하는 이 세 가지 것들이 바로 우리를 인도하고 치유하고 힘을 불어넣어 주는 특별한 원천이 된다. 이 세 가지 것들만 잘 활용하면 우리의 인생은 **위대한 인생**이 된다. 우리가 이 세 가지의 목소리에 귀 기울여 들을 준비가 되었다면 말이다.

업적을 남긴 작가, 과학자, 발명가, 기업가, 사회변혁가 모두가 이 사실을 알고 있었다. 이 책에서 우리는 해리엇 터브먼, 볼프강 파울리, 그리고 제프 테일러는 꿈으로부터 깨달음을 얻었다는 것을 알게 될 것이다. 터브먼이 300명의 노예를 자유로 이끈 탈출로를 발견한 것은 꿈에서였다. 양자물리학을 개척하여 노벨상을 받은 파울리는 평생 꿈을 활용했다. 그의 꿈은 "비밀 실험실"이었던 셈이다. 테일러는 꿈에서 온라인 구직 사이트를 본 후 몬스터닷컴을 오픈하여 대박을 냈다.

위대한 창조자나 기업가에게 통했던 방식이 우리에게도 충분히 가능하다는 사실을 당신은 이 책을 통해 알게 될 것이다. 그들이 쓴 수단, 즉 꿈을 우리도 가지고 있기 때문이다. 꿈꾸지 않는 사람이 어디 있겠는가? 우리는 꿈을 꾼다. "꿈 같은 건 꾸지 않습니다"라고 말하는 앞뒤가 꼭 막힌 고지식한 사람도 꿈을 꾼다. 단지 '기억이 나지 않을 뿐이다.'

이제 우연에 대해서 이야기하자. 우리 주위의 어디를 둘러보더라도 우연의 작용이 보인다. 우리가 알려고만 한다면 '저 바깥' 세상의 다양한 경험과 사건들을 발생시키는 것은 우리의 생각과 감정이라는 사실을 우연은 가르쳐줄 것이다. 그 사실을 알게 되면 우리는 우연을 의식적으로 활용할 수 있게 된다. 중요한 과학적 발견과 발명은 주로 뜻밖의 발견에 의해 일어났다는 사실도 알게 된다. 정말 중요하고 소중한 많은 것이 우연하게 발견되고 우연하게 발명되었던 것이다.

다음은 상상이다.
우리는 레오나르도 다빈치나 마크 트웨인, 잔 다르크, 윈스

7

턴 처칠 같은 상상의 대가들로부터 가르침을 얻을 수 있다. 다 빈치는 수습생들에게 '마음을 일깨워서 온갖 다양한 발명을 하는' 기법을 가르쳐주었다. 트웨인은 미세한 것들에서 상상력을 동원해 우주를 발견했다. 잔 다르크와 처칠은 자신들의 상상을 통해 민족 전체를 구원할 수 있었다.

"단지 세 가지 것들", 즉 꿈과 우연과 상상의 힘을 알면 삶의 방향을 찾고 상처를 치유할 수 있으며 에너지가 넘치는 삶을 살 수 있다. 다른 말로 성공적인 인생을 살 수 있다. 우리가 아는 거의 모든 위대한 인물은 사실 이 세 가지를 잘 활용해 눈부신 성공을 거두었던 것이다.

정신없이 바쁘고 스트레스받는 일도 많고 타인의 스케줄이나 기대치에 맞추느라 헉헉거려야 하는 일상 속에서 우리는 종종 인생의 깊이를 놓치고 만다. 그렇게 되면 우리는 스스로 해결할 수 없는 문제에 휘말리게 된다. 최악에는 우리 자신이 누구인지도 잊어버린다. 우리가 어디에서 왔는지, 어디로 가는지도 모른다. 우리의 인생에는 더 심오한 목적이 있다는 것을, 우리의 인생은 더 큰 가능성의 일부라는 것을 까맣게 잊는다.

꿈과 우연, 그리고 상상의 실현을 통해 우리는 눈에 보이는 세상을 초월하는 세상이 존재함을 알게 된다. 우리가 누구인지, 무엇이 되려고 태어났는지 깨닫게 되는 것은 흑백의 세상에 갇혀 살다가 컬러의 세상을 발견하는 느낌과 비슷하다. 그 세상은 다차원적 우주다.

꿈, 우연, 상상을 통해 우리는 창조적 생활의 비밀에 눈뜨게 될 것이다. 불가능해 보이는 일이라도 멋지게 해낼 수 있는 능력을 갖출 수 있게 될 것이다. 꿈은 잠잘 때 꾸는 '개꿈'이 아니라 우리 자신의 **깨어남**에 관한 것이다.

이 모든 것은 공개된 비밀이다. 우리가 이 사실을 깨닫는 순간 그 비밀은 우리가 활용할 수 있는 지혜가 된다. 우리가 꿈의 힘과 우연의 법칙과 상상의 활용에 눈뜨게 되면, 그토록 간단한 삶의 수단을 왜 이렇게 늦게 알게 되었는지 땅을 치며 아쉬워할 것이다. 그러나 우리의 삶과 우리의 세상을 다시 만들어갈 힘이 아직 우리에게 남아 있다는 사실도 더불어 깨닫게 될 것이다.

우리가 꿈과 우연, 그리고 상상에 공간을 내어준다면, 우리의 삶은 더욱 풍요롭고 활기차게 된다. 자, 이제 그 여행을 떠나보자.

CONTENTS

CONTENTS

CONTENTS

1부

내 안에 숨어 있는
보물지도,

신은 눈먼 자에게 길을 보여주려고 꿈을 창조했다.

— 고대 이집트의 데모틱문자로 쓰인 지혜의 글,
파피루스 인싱어(Papyrus Insinger)에서

꿈은 단지 꿈일 뿐이라고?

 꿈꾸는 사람, 꿈꾸지 않는 사람

"이건 단지 꿈에 지나지 않아."

당신은 이 말을 얼마나 자주 하는가? 어쩌면 한밤중에 뭔가로 골머리를 썩이다가 그 문제가 제발 사라져주었으면 하고 바라면서 이렇게 혼잣말을 했을지도 모르겠다.

어쩌면 보통 인생에서는 불가능한 아름다움과 즐거움을 만끽하는 꿈에 빠져 있다가 정신이 들면서 이런 말을 내뱉었을지도 모르겠다. 그 꿈이 정말이면 좋겠다고 바라면서.

하지만 하루의 일과가 시작되면 간밤의 꿈은 내팽개쳐진다.

허겁지겁 일상으로 뛰어드는 것이다. 그 순간 마음의 문이 쾅 닫히고 꿈들은 저만치 사라지고 없다. 그런 일이 일어나도록 내버려두는 것은 참으로 안타까운 일이다.

꿈은 가능성으로 충만한 비전을 펼쳐보이며, 매일같이 스스로를 제한하는 생각과 행동들을 뛰어넘는 곳으로 우리를 데려간다. 꿈의 연인과 꿈의 집과 꿈의 직장에 대해 그런 것들은 가질 수 없는 거라고, "단지 꿈"에 지나지 않는다고 단념해버리기 전에, 우리는 그 달콤한 전망을 실현해줄 그 무엇이 행여 꿈속에 있지나 않은지 꼼꼼히 살펴보아야 한다.

꿈은 우리가 떠올리고 싶지 않은 것도 보여준다. 많은 사람들이 꿈의 문을 단단히 걸어 잠그고 열 생각조차 하지 않는 이유가 바로 그것이다. 장래 문제라든가, 외면하거나 억눌러두고 싶은 자아의 일부라든가, 제한적인 관점에서 접근할 때 부딪치게 되는 더 큰 가치나 문제들이 거기에 속할 것이다.

꿈은 지혜로운 우리 자신의 자아이다. 그것을 믿어야 한다. 나의 꿈은 나의 편이다. 꿈은 나의 영원한 동반자이면서 나 자신의 지혜를 반영한다. 그것을 확신해야 한다.

만약 괴로운 꿈을 꾸었다면 대부분의 사람들은 가능한 한 그것을 피하고 싶어 한다. 하지만 꿈속에 그런 문제가 나타난다면, 그것은 꿈이 우리의 지혜로운 자아에 그 문제를 생각해볼 필요가 있다고 일러주는 것이다. 꿈이 앞날의 문제를 보여준다면, 꿈은 또한 그 문제를 피하거나 억제할 수단도 알려준다. 꿈의 메시지에 귀 기울이고 적절히 대응할 마음의 준비만 되었다면 말이다. 꿈이 우리가 부인하고 싶은 자아의 일부를 보여준다면, 그건 우리가 부인하느라 소모한 에너지를 되찾아 우리 에너지의 모든 면을 활용하라는 꿈의 권유이다. 꿈이 현재 상황과 관련해서 더 큰 문제를 보여준다면, 꿈은 내면의 나침반과 에고_{ego} 때문에, 혹은 타인의 기대 때문에 내렸던 결정을 바로잡을 수단도 함께 보여준다.

꿈속에서 보고 싶지 않은 것이 보인다면 각별히 주의해야 한다. 꿈이 무서울수록 꿈의 메시지를 받아들이고 그것을 해결할 방편을 찾아내는 일이 더 시급하다는 뜻이다.

그 사실을 깨달아 그에 따라 행동하면 인생이 떠안기는 가장 고달픈 일도 꿈의 도움으로 헤쳐나갈 수 있다. 꿈의 도움으로 직장에 계속 다닐 수도 있고, 관계를 유지할 수도 있다. 더 나은 직장을 구할 수도 있고, 더 좋은 사람을 만날 수도 있다. 병에 걸리지 않을 수도 있고, 다음 화요일에 일어날 뻔했던 자동차 사고도 피할 수 있다. 꿈은 당신의 인생을 구원할 수 있다.

인간으로서 생존하기 위해 음식과 공기가 필요한 것처럼 우리에게는 목적이 필요하다. 꿈은 인생의 목적을 기억하고 더 큰 인생의 이야기를 써나갈 수 있도록 해준다. 당신의 인생이 성공할 수 있도록 도와준다.

 나에겐 꿈이 있습니다

일상적인 대화에서 "당신의 꿈"에 대해 이야기할 때 우리는 "단지 꿈에 지나지 않아"라며 혼잣말을 할 때보다 꿈을 더 낮잡아 본다. "튀 레브(Tu rêves, 당신은 꿈꾼다는 뜻의 프랑스어—옮긴이)"는 '일어날 리가 없다'는 뜻으로 다시 말해 당신 자신을 현혹시키고 있다는 말이다. 해변에서 여자에게 수작을 걸려는 남자는 이런 말을 들을지도 모르겠다. "헛꿈 꾸지 마세요."
동양철학을 공부하는 사람들은 꿈은 마야의 상태, 혹은 환시라는 가르침을 흔히 인용한다(동양철학에서 깨어 있는 삶은 훨씬 환각적이다). 우리는 꿈을 하찮게 여기지만 **꿈**은 마법의 단어다. 우리는 가끔 어마어마하게 중요한 경험이나, 영혼을 뒤흔들고 세상을 바꿀 만한 일들을 묘사하려고 꿈이라는 단어를 쓴다.

"나에겐 꿈이 있습니다."

마틴 루터 킹의 말이다. 밤의 꿈에 영감을 받아 한 말인지도 모른다. 하지만 그가 남긴 기록에 의하면, 그 신비의 순간은 한밤중에 그가 절망감에 휩싸여 싱크대에 몸을 숙였을 때 찾아왔다. 그 순간 그는 자신을 축복해주고 힘껏 밀어주는 거대한 힘의 존재를 느낄 수 있었다. 우리는 그의 말뜻을 안다. 그 말을 들으면 아직도 우리 몸속으로 짜릿한 인식의 전율이 흐른다.

할리우드는 "꿈의 공장"이다. 이 말은 오랫동안 광고업계에서 최고의 인기를 구가한 표현이었다. 할리우드 영화를 보면서 우리는 꿈의 차와 꿈의 장비, 꿈의 휴가, 꿈의 연인을 찾을 수 있을 거라는 망상에 빠진다.

상황이 이렇다 보니 우리가 잘 안다고 생각하며 쓰는 꿈의 정확한 뜻은 콕 집어 말하기가 정말 어렵다. 환시도 되고, 허무맹랑한 소리도 되고, 마음의 욕망, 영혼의 은밀한 소망, 세상을 내다보는 비전도 된다.

많은 고대문화나 토착문화에서 꿈은 근본적으로 잠에 관한 것이 아니라 깨어남에 관한 것이었다. 다시 말해 보통의 의식보다 더 큰 진실과 더 큰 현실 속으로 깨어나는 것을 말한다.

꿈에 대해 많은 것을 알았던 고대이집트 언어를 보면 이 사실을 명확히 알 수 있다. 이집트어에서 꿈은 레스웨트rswt다. "깨어남"이라는 뜻이다. 상형문자로는 흔히 뜬 눈 모양의 한정사 뒤에 나온다. 스케줄에 쫓기고, 남의 요구를 들어주느라 정신없고, 너무 바쁘고, 너무 스트레스받고, 너무 "벗어나" 있어서 무엇 때문에 그러는지 생각할 겨를조차 없는, 몽유병자처럼 살아가는 우리의 깨어 있는 삶을 생각해보면 충분히 이해할 만한 소리다. 르네상스 시대의 의사이자 연금술사였던 파라셀수스는 이렇게 표현했다.

"꿈이 보여주는 것은 인간에게 존재하는 지혜의 그림자 같은 것이다. 깨어 있는 상태에서는 그것에 관해서 아무것도 모른다 할지라도……우리가 그 사실을 모른다면, 그것은 우리가 외부의 것들과 소멸하는 것들로 시간을 허비하고 있기 때문이다. 우리 내면의 진정한 실재에 대해서는 잠들어 있기 때문이다."

꿈의 소리에 귀를 기울여라

많은 고대문화와 토착문화에서 꿈은 실재의 세상이다. 깨어 있는 일상의 삶보다 더욱 현실적이다. 세네카 이로쿼이족 인디

언들은 말한다.

"꿈의 세상은 현실의 세상이다."

대부분의 인류문화에서, 대부분의 인류역사에서 꿈이 지극히 중요한 것은 두 가지 이유에서다. 그 하나는 꿈은 인간과 초월적인 존재가 만날 수 있는 공간을 제공한다는 것이다. 또 하나는 꿈은 장차 일어날 사건을 알려주는 예언자적 역할을 한다는 것이다.

인류의 가장 유서 깊은 심리학, 그러니까 꿈을 이해하려면 그 두 가지 기능을 모두 고려해야 한다.

첫째, 꿈속에서 우리는 뉴턴의 물리학 법칙이 적용되지 않는 세상을 떠돌아다닌다.

둘째, 꿈속에서 우리는 죽은 자들의 방문을 받는다. 즉 꿈속에서 우리는 시간과 공간을 초월한다. 꿈의 이러한 특성은 꿈에 큰 가치를 두는 문화의 어휘 속에 반영되어 있다. 베네수엘라의 마키리타레족 사람들은 꿈을 아데카토adekato라고 한다. 영혼의 여행이라는 뜻이다. 호주 서부사막의 토착부족인 쿠카차족의 여자 현자는 "꿈속에서 영혼은 이리저리 돌아다닌다"고 말한다. 호주의 토착부족들 사이에 개인의 꿈은 드림 타임, 그러니까 창조의 공간으로 떠나는 원정인지도 모른다.

아일랜드인에게 아이슬링aisling은 꿈, 환시, 시(詩), 또는 이 모두를 의미하는 것으로 보인다. 이로쿼이족 인디언들에게 꿈을 꾼다는 말은 행운을 얻게 된다는 뜻이고, 꿈꾸는 자는 샤먼, 치유자, 그리고 의사를 의미하기도 한다.

내가 좋아하는 꿈의 정의는 사전에 없다. 문화를 비교분석하여 내린 정의도 아니다. 그 정의는 자신의 꿈에 안테나를 맞추고 그 꿈을 존중하는 각양각색의 사람들이 내린 것이다. 싱싱하고 즉흥적이다. 내일의 태양처럼 새로우며 라스코동굴 벽화에 그려진 사슴뿔을 단 마법사처럼 오래된 것이다.

텍사스 주 오스틴의 한 서점에서 독자들과의 시간을 가졌을 때였다. 나는 제일 먼저 꿈의 정의를 내려줄 사람이 없느냐고 물었다. 뜻밖에도 33명이나 손을 들어주었다. 처음 말한 네 사람의 정의에 꿈의 선물과 가능성이 생생히 전달되어 있다.

그 정의는 다음과 같다.

1. 꿈은 시작이다.
2. 꿈은 모험이다.
3. 꿈은 더 지혜로운 자아가 보낸 메시지다.
4. 꿈은 사명이다.

성공하려면 부자의 꿈을 꿔라

꿈꾸는 사람만이 행복하다

꿈은 놀이동산, 테마파크, 천상의 기쁨이 넘치는 정원, 초월적인 존재와 만나는 곳으로 들어가는 입구다. 이집트인들이 잘 파악하고 있었듯이 꿈은 공간이다. 아름다움의 공간일 수도 있고, 공포의 공간일 수도 있다. 치유나 입문, 고등교육의 공간일 수도 있고, 굉장한 재미를 선사하는 공간일 수도 있다.

꿈을 잃어간다는 것은 가능성과 즐거움과 배움의 세계로부터 점차 단절되어간다는 말이다.

"어떤 문제로 씨름하다 잠이 들었는데 잠의 위원회가 활동한 다음 날 아침 그 문제가 말끔히 해결되어 있었던 것은 흔한 경험이다."

『에덴의 동쪽』으로 유명한 미국 소설가 존 스타인벡의 말이다. 눈을 떴을 때 '잠의 위원회'가 기억날 수도 있고 기억나지 않을 수도 있겠지만, 어떤 문제를 가슴에 품고 잠들었는데 다음 날 문제가 해결된 경험은 누구라도 한 번쯤 있을 것이다. 꿈에 대해서는 흔적 하나 남아 있지 않더라도 말이다.

그런 경험의 역사는 인류의 역사만큼이나 오래되었다. 의사들은 우리가 어머니 뱃속에 있을 때도 꿈을 꾼다고 말한다. 어머니의 뱃속에서 나오면서 경험할 상처와 태어나고 나서 인생이 우리에게 가할 상처를 우리는 꿈속에서 미리 준비한다. 생물학적 종(種)으로서, 그리고 한 명의 개인으로서 우리는 말을 시작하기 한참 전부터 꿈을 꾼다.

발명가나 혁신자들이 흔히 꿈에서 깨어나 새로운 발명과 발견을 한다는 것도 놀랄 일은 아니다. 이는 위대한 음악에서 보도블록 보수에 이르기까지 인류가 힘을 기울이는 모든 분야에 해당하는 진실이다.

꿈은 그 한계가 어디이든, 지금 우리가 처한 한계보다 더 높이 솟아오를 수 있도록 우리를 도와준다. 다음에 제시하는 이야기는 꿈의 도움을 받은 구체적인 사례들이다.

🎩 그들이 돈방석에 앉은 이유

하와이에 사는 아테나 루는 꿈의 코치이자 내 친구다. 그녀
는 고래와 돌고래들과 어울려 공중을 헤엄치는 꿈을 꾸었다.
꿈속에서 그녀는 이루 말할 수 없는 자유의 행복감을 만끽했
다. 꿈에서 깨자 그녀는 자신이 꾼 꿈을 곰곰이 생각했다. 하루
를 살아도 꿈속에서의 삶이 더 좋을 것 같다는 생각이 들었다.
그녀는 마침내 인생의 모든 부분에서 그런 자유의 행복감을 찾
아야겠다는 결심을 하게 되었다. 그 꿈을 꾼 뒤 그녀는 안정되
고 보수 좋은 직장인 은행을 그만두고 위험부담이 더 큰 프리
랜스 컨설팅 분야로 뛰어들었다. 이제 그녀는 창의적인 컨설턴
트로 일하고 있다.

그녀는 꿈이 자신에게 자유를 주었다고 생각한다. 그녀는 이
제 사업가들에게 꿈은 말할 것도 없고, 그 밖의 직관적인 지식
에도 관심을 돌려야 한다고 권유한다. 그녀는 사업상의 결정은
대부분의 사람이 아는 것보다 꿈의 인도를 받은 경우가 많았다

는 사실에 주목한다.

　세계적으로 유명한 인터넷 구직사이트 몬스터닷컴의 창립자 제프 테일러도 꿈에서 영감을 얻은 사람이다. 그는 새벽 4시 반에 꿈에서 깨어났다. 구직자들이 쉽게 일자리를 찾을 수 있는 사이트를 만드는 꿈이었다. 그는 어둠 속에서 머리맡에 놓아둔 메모장을 찾아 얼른 '몬스터'라고 휘갈겼다. 그러나 다시 잠들면 방금 휘갈겨 쓴 글을 알아보지 못할 거라는 불안감이 엄습했다. 테일러는 커피숍으로 달려가 게시판의 세부적인 형태를 스케치했다.

　여기서 우리는 테일러가 자신을 인도해준 꿈을 미리 준비하고 있었다는 사실에 주목해야 한다. 우선, 그는 자신이 앞으로 주요한 혁신을 일으킬 것임을 미리부터 생각하고 있었다. 다음으로, 머리맡에 메모장을 놓아두었다는 사실에서 알 수 있듯이, 그는 꿈을 붙잡을 준비가 되어 있었고, 꿈이 인도하는 대로 행동할 준비가 되어 있었다.

　리처드 발레리아노는 20년째 미국 캘리포니아 주의 산타모니카 도로를 점검하는 일을 하고 있었다. 가로수가 뿌리를 뻗으면서 보도가 파손되지 않는지 살피는 것도 그의 일이었다. 콘크리트에 금이 가면 복구비가 많이 들었고, 그 때문에 보행자들이 다치는 경우도 허다했다. 산타모니카 시에서는 전기톱을 든 작업반을 파견하여 다 자란 무화과나무를 베고 있었다.

일을 마친 뒤 집으로 돌아간 그는 잠을 자다가 꿈속에서 그 문제를 해결해줄 탄력 있고 잘 휘는 보도블록을 보았다.

"꿈속에서는 보도블록이 온통 휘어지고 비틀려 있었지만 한 군데도 균열이 일어난 곳은 없었다. 나는 눈을 뜨고 이렇게 말했다. '와! **탄성 보도블록**이구나! 그런데 어떻게 그걸 만들지?'

그 꿈을 실현할 방법을 알게 된 것은 그가 다니던 헬스클럽이 리모델링을 하면서였다. 헬스클럽의 바닥이 고무 타일로 교체되었다. 발레리아노는 거기서 영감을 얻어 고무 보도블록의 견본을 만들어줄 회사를 찾아 나섰다. 산타모니카 시는 자전거나 롤러 블레이드를 타는 사람들, 그리고 무엇보다 하이힐을 신은 여자들에게 탄성 보도블록을 시험하게 했다. 고무는 가로수와 보행자들의 발걸음을 보호해주었다.

5년 뒤에는 미국의 60개 도시가 탄성 보도블록을 깔았다. 그는 꿈속의 아이디어를 현실화함으로써 엄청난 돈을 번 것이다.

20세기를 움직인 아인슈타인의 꿈

　언제라도 실행할 수 있는 계획을 소개한다.
　잠자리에 들기 전에 내일 바라는 것을 써보자. 간단한 방법
은 다음 문장의 빈칸을 채우는 것이다.

　"나는 ＿＿＿＿＿＿＿＿ 가(이) 필요하다."

　꿈속에서 어떤 일이 생기더라도 기록으로 남긴다는 마음을
가져야 한다. 언제 깨어나더라도 기록할 수 있도록 단단히 준
비해두어야 한다. 큰 메시지는 흔히 혼자 있는 시간에 찾아오
기 때문이다. 위대한 발견은 주로 새벽 3시와 4시 사이에 일어
난다. 그 시간은 아기들이 가장 많이 태어나고 사람들이 가장
많이 죽는 시간이기도 하다.
　눈을 떴는데 아무 꿈도 기억나지 않는다면 마음을 느긋이 가
져라. 침대에서 몸부림을 쳐보라. 꿈꾸고 있던 순간의 자세를
취하면 꿈이 되돌아오기도 한다. 그래도 꿈이 기억나지 않으면
생각이나 느낌을 떠오르는 대로 써보자. 꿈의 내용은 잊었다
하더라도 꿈이 준 선물, 그러니까 해결책이나 영감 같은 것은

남아 있을 것이다.

1905년의 어느 봄날 아침, 아인슈타인은 눈을 뜨자마자 과학혁명을 일으킨 이론인 특수상대성이론을 발견했다. 바로 전날 그는 한 친구에게 자신이 엄청난 발견을 목전에 둔 것 같은데 아직 무엇인지 확실히 모르겠다고 말했다. 아침이 오자 아인슈타인의 머릿속에 그 이론 전체의 윤곽이 뚜렷이 잡혔다. 정신이 맑은 샘물처럼 반짝거렸다. 아인슈타인이 그 엄청난 밤의 꿈을 전부 떠올렸다는 증거는 없지만, 그가 꿈의 선물을 받아들인 것은 분명하다. 그 사실이 세상을 변화시킨 것이다.

여기서 분명한 깨달음을 얻을 수 있다. 어떤 곤란한 문제에 부딪히건 간에, 우리는 잠속에서 문제를 해결할 수 있다는 사실이다.

3

꿈이 당신에게 경고하는 몇 가지

☀ **꿈은 당신에게 무엇을 보여주는가?**

꿈은 인생길을 걷다 보면 나타나는 도전과 기회에 맞대응하도록 끊임없이 우리를 코치한다. 앞으로 일어날 일 전부를 꿈 속에서 예행연습한다는 것도 충분히 가능한 이야기다. 비록 대부분의 꿈은 잊어버리고 말지만.

기시감의 경험을 떠올려보자. 현실에서 누군가를 처음 만났거나 어떤 장소에 난생처음 갔지만 왠지 익숙한 것 같다는 느낌을 누구나 경험한다. 이것이 바로 기시감이다. 대개 기시감은 깨어서 겪는 사건이 꿈에서 본 것과 비슷할 때 경험한다. 꿈은 잊어버렸을지 모르지만, 물리적 사건이 후속적으로 일어나면 깊숙한 기억의 저장소에서 인식의 순간이 떠오른다.

꿈을 기록하고 꿈의 데이터를 후속 사건과 비교하는 습관을 들이면 머지않아 둘 사이의 대응관계가 보일 것이다.

꿈속에서 미리 본 사건들은 사소한 것일 수도 있고, 무시무시한 것일 수도 있다. 시시해 보일 수도 있고, 굉장해 보일 수도 있다. 당신의 인생에서 일어나는 사건일 수도 있고, 장차 세계역사에서 일어날 사건일 수도 있다.

미래는 꿈속에서 우리에게 몇 가지 종류의 약속을 한다.

앞일을 예지하는 꿈

예지를 통해 우리는 사건과 상황을 미리 본다. 예지적인 꿈은 사실적일 수도 있고 상징적일 수도 있다. 둘 다일 수도 있다. 예컨대 쓰나미 꿈을 꾸었다면, 말 그대로 재앙의 꿈을 앞당겨 바라본 것일 수 있다. 한편 쓰나미의 위력으로 몰아칠 감정적 폭풍을 사전에 예고한 것일 수도 있다. 예지적인 꿈을 통해 본 것을 마침내 이해하게 되는 것은 물리적 사건이 일어난 다음인지도 모른다. 본 것을 이해하기 어려운 것은 그 상황을 다른 각도에서, 아마도 타자의 관점에서 보기 때문일 수도 있다. 그러나 연습하면 꿈이 미래의 사건을 미리 알려주는 표지임을 인식하게 될 것이다. 나아가 꿈의 정보를 분명히 이해하여 적극적으로 활용할 수 있는 날들이 올 것이다.

꿈이 더 나은 앞날을 위해 우리 힘으로 변화시킬 수 있는 사건들을 앞당겨 보여줄 때 꿈의 연습은 더욱 흥미로워진다. 그런 꿈들을 **사전 조언**으로 불러도 좋다. 사전 경고 혹은 다가오는 기회를 예고하는 사전 신호로 부를 수도 있겠다.

 사전 경고의 꿈

어떤 꿈은 직장의 위기, 관계의 파탄, 건강 문제, 자동차 사고 등 앞으로 일어날 수 있는 문제에 대한 사전 경고의 역할을 한다. 우리는 이런 불쾌한 일들의 가능성에 대해서는 마음을 쓰고 싶어 하지 않는 것 같다. 그러나 사전 경고의 꿈이 알려주는 내용에 주의를 기울인다면, 적절한 조치만 취하면 피할 수도 있을 문제에 대한 핵심 정보가 그 꿈에 들어 있다는 사실을 깨닫게 될 것이다.

　꿈에서 나는 고속도로를 달리고 있었다. 그런데 앞차가 갑자기 급제동을 하여 브레이크를 밟았지만, 차가 미끄러지면서 앞차를 추돌하는 사고를 일으켰다. 꿈에서 깨어난 나는 아침 일찍 자동차 정비소로 가서 제동장치와 타이어를 점검했다. 그랬더니 앞바퀴는 브레이크라이닝이 심하게 닳아 드럼에 손상이 갈 정도였고, 뒷바퀴 브레이크 장치에는 오일이 새고 있었다. 모두 교환했음은 물론이다. 왜 내가 그런 꿈을 꾸었을까를 곰곰이 생각해보았다. 그러다가 꿈을 꾸기 전날 자동차 운행 중에 바퀴 쪽에서 날카로운 파열음을 들었던 것을 생각해냈다. 그때는 무심코 지나갔지만 아마도 나의 무의식이 그것을 기억했다가 꿈에서 브레이크가 파손되어 일어나는 사고를 재현한 것이 아닌가 생각되었다. 만약 꿈을 무시했더라면 꿈에서처럼 사고를 당했을 가능성도 충분히 있다. 이처럼 꿈은 무의식을 저장해 놓은 정보의 창고이기도 하다.

　우리는 이따금 다른 사람을 위해, 심지어 더 큰 명분을 위해 꿈을 꾸기도 한다. 그 이후 어떤 일이 일어날지는 꿈의 정보를 그 문제에 가장 유능하게 대처할 사람한테 효과적으로 넘겨주느냐 그러지 못하느냐에 달렸다. 다음은 꿈의 정보가 적절한

1부 | 내 안에 숨어 있는 보물지도, 꿈

사람에게 전달되어 역사가 달라졌던 로마의 초대 황제를 구한 꿈이다.

율리우스 카이사르의 종손 옥타비아누스의 목숨을 구한 꿈이 없었더라면 로마에는 황제가 없었을지도 모른다. 배경은 기원전 42년, 셰익스피어의 희극《줄리어스 시저》로 유명해진 그 장면이다. 옥타비아누스와 안토니우스는 카이사르의 암살에 복수하려고 마세도니아의 필리피에서 군대를 소집했다. 카이사르를 암살하고 나서 자칭 로마의 해방자가 되었던 브루투스와 카시우스의 군대가 옥타비아누스와 안토니우스의 군대에 맞서서 철벽 방어를 하고 있었다.

필리피에서 최초의 전투가 있기 전, 옥타비아누스는 병이 들어 막사에 누워 있었다. 한 친구가 막사로 들어와서는 그를 깨우며 방금 옥타비아누스가 당장 막사를 떠나지 않으면 침입자들의 칼에 맞아 죽게 되는 꿈을 꾸었다고 말했다. 옥타비아누스는 꿈의 경고를 받아들여 막사에서 달아남으로써 암살의 위기를 모면할 수 있었다. 곧이어 브루투스의 병사들이 막사 안으로 침입했다. 그들은 젊은 장군 옥타비아누스가 아직 막사 침대에 누워 있을 것으로 생각하고는 침대가 갈기갈기 찢어지도록 마구 찔러댔다. 그 이후 옥타비아누스와 안토니우스는 필리피에서 벌어진 두 번째 전투에서 승리를 거두었고, 옥타비아누스는 로마의 초대 황제 아우구스투스가 되었다. 옥타비아누스의 친구는 꿈을 꾼 것이지만, 그 꿈에는 암살에 대한 정보가 들어 있었다.

기회를 예고하는 꿈

우리가 찬란한 미래를 실현하려 한다면, 기회를 예고하는 꿈 또한 우리의 행동을 요구한다. 당신은 꿈에서 이상적인 집에서 살고 있을지도 모르고, 영혼과 은행통장 모두를 살찌우는 일을 하고 있을지도 모르고, 일상에서는 만나본 적 없는 연인과 행복한 시간을 보내고 있을지도 모른다. 이 꿈들이 당신에게 영감과 활력을 불어넣어 줄 것이기에, 당신은 이 꿈들이 풍선처럼 날아가 버리는 것을 원하지 않을 것이다. 아마도 당신은 이런 행복한 꿈을 이루려면 어떤 실제적인 행동을 취해야 할지 알고 싶을 것이다.

우리가 꿈에서 혹은 깨어 있는 직관을 통해 보는 미래는 실현될 수 있는 미래다. 우리가 영향력을 발휘하면 미래에 특정한 일이 실현될 가능성을 높일 수 있다. 자연재해나 때 이른 죽음처럼 꿈에서 목격한 미래의 사건을 한 개인이 바꾸는 것은 불가능할지 모르지만, 그 꿈의 정보는 여전히 유용하게 활용될 수 있다. 예컨대 꿈에서 어딘가에 허리케인이 몰아쳤다면 그곳으로 휴가를 떠나지 말라고 친구에게 경고할 수 있다. 죽음을 앞둔 누군가를, 혹은 그의 가족을 도와주어 상황에 좀 더 의연히 대처하도록 할 수도 있다.

 ## 목숨을 구하는 꿈

꿈이 목숨을 구할 수 있을까? 진지하게 생각해보자.

한번은 차를 타고 미국 뉴욕의 한 언덕길을 올라 동쪽으로 가는 꿈을 꾸었다. 갈림길에 다다르자 일순 모든 것이 정지되었다. 그 순간 나는 이상야릇한 공간에서 벌어지는 처음 보는 장면들 속으로 들어가고 있었다. 곧 내가 저승길을 가고 있다는 사실을 깨달았다. 꿈에서 깨자 그 일이 일어난 장소, 즉 갈림길에서 각별한 주의를 기울여야 한다는 사실을 알 수 있었다. 내가 꾸는 꿈의 특징상 이런 식으로 사후 환경에 들어가는 것은 실제로도 죽을 가능성이 있다는 신호였기 때문이다.

그로부터 3주 뒤, 차를 타고 그 길을 오르고 있을 때였다. 길 오른편에 주차된 소형 배달 트럭 때문에 전방이 완전히 보이지 않았다. 트럭 옆으로 차를 몰려다 꿈 생각이 나서 거의 차가 멈출 정도로 속도를 늦추었다. 그 덕분에 내 목숨이 무사했는지도 모른다. 맞은편에서 18톤 트럭이 시속 90~100킬로미터로 언덕길을 달려 내려오고 있었기 때문이다. 주차된 트럭 옆 공간을 전부 차지하면서.

우리가 꿈의 조언을 듣는 것은 사건이 일어날지 모르는 며칠, 몇 주 전 혹은 몇 십 년 전이기도 한다. 셀리아의 경우를 보면 그 사실을 확실히 알 수 있다.

셀리아는 젊었을 때 화사한 빨간색 트럭형 자동차를 몰고 가다가 깎아지른 듯 서 있는 커다란 바위와 정면으로 충돌하는 꿈을 꾸었다. 꿈속에서 그녀는 죽었다. 눈을 뜨자 그 꿈이 실제로 일어날 일의 전조라는 느낌이 들었다. 그녀는 그 꿈을 진지하게 받아들였고, 꿈의 경고에 주의를 기울였다. 빨간색 자동차나 트럭형 자동차를 좋아하긴 했지만, 그 꿈을 꾼 뒤로 그녀는 20년 동안 단 한 번도 빨간색 차를 구입하지 않았고, 어떤 차량이건 빨간색은 피했다.

그녀는 그 꿈을 잊지 않고 있었다. 하지만 20년이 지나자 그 꿈이 예고한 위험을 무시해도 좋을 만큼 충분한 세월이 흘렀다는 생각이 들었다. 그래서 트럭형 자동차는 아니었지만, 빨간색 차를 구입한 뒤 조심조심 운전했다. 별문제는 없었다. 그 차가 낡자 다시 흰색 차로 바꾸었다. 또다시 10년이 흘렀다. 이혼을 했고 새 남자친구가 생겼다. 빨간색 트럭형 자동차를 모는 사람이었다. 어느 가을 그녀는 그의 차로 산을 통과하다가 사슴이 뛰어드는 바람에 얼른 핸들을 꺾었다.

고개를 들자 얼마 떨어지지 않은 곳에 깎아지른 듯 서 있는 커다란 바위가 보였다.

꿈과 똑같았다.

꿈을 잊지 않고 있었기에 어떻게 해야 할지 알 것 같았다. 머릿속에 꿈의 정황들이 퍼뜩 스치고 지나갔다. 그녀는 번개같이 빠르게 반사적으로 행동을 취했다. 핸들을 세게 꺾으며 가능한 한 힘껏 차를 돌렸다. 빨간색 차가 바위를 긁고 지나가면서 문짝도 범퍼도 떨어져 나갔다. 하지만 그녀는 무사할 수 있었다. 꿈을 꾼 지 30년이 흘렀지만 그 내용을 생생히 기억하고 있었기 때문에 가능한 일이었다. 꿈이 셀리아의 목숨을 구했다.

4

꿈은 내 인생의 안내자

 나를 알면 꿈이 보인다

거울 속에서 자기 자신을 바라보는 꿈을 꾼 적이 있는가? 꿈
에서 보는 자신의 모습이 깨어 있는 삶에서 혼자 생각하던 모
습과 전혀 다르다는 사실에 관심을 가진 적이 있는가? 거울을
보는 꿈을 꾸었다면 그 꿈도 마찬가지로 우리를 쳐다보고 있었
다는 말이다. 더 크게 생각하면, 꿈 전체가 거울로 작용하여 보
통의 현실에서는 보고 싶어 하지 않거나 차단한 상태로 내버려
두는 우리 자신의 모습과 행동을 보여준 것이다.

꿈으로 할 수 있는 가장 훌륭한 게임은 꿈속 자아와 깨어 있

는 자아의 행동을 비교하는 것이다. 꿈에서 곤란한 상황이 닥쳤는데도 겁쟁이처럼 다른 사람이 시킨 일만 수동적으로 하고 있다거나 뭔가 행동을 취해야 하는데도 수수방관으로 쳐다만 보고 있다면, 그때는 깨어 있는 삶에서도 그런 식으로 행동하고 있는 것은 아닌지 자문해보아야 한다. 꿈속에서 줄곧 건너편 버스만 기다리고 있다면, 깨어 있는 삶에서 당신이 만들지 않았고 당신이 최선을 다할 수도 없는 사안들을 처리하느라 시간을 허비하고 있지 않은지 되돌아보아야 한다.

또한 깨어 있는 삶에서 대체로 부재한 강인한 힘과 마법의 힘이 꿈속의 당신에게 존재한다면, 그럴 때는 꿈의 공간으로 들어가 그 힘을 끌어와야 한다. 그 힘을 물리적 삶에서 활용할 수 있도록 노력해야 한다.

 꿈만 알아도 습관이 바뀐다

어느 쌀쌀한 가을날 미국 위스콘신 주에서 꿈에 관한 워크숍이 열렸다. 세 사람이 연달아 꿈 이야기를 해주었는데, 그 이야기를 들으면서 나는 타로의 번개 맞은 탑 이미지를 떠올렸다.

그 카드는 폭력적이고 피할 수 없지만 원하지 않는 변화를 의미한다. 안정된 구조를 전복시키는 이미지다.

꿈들이 전달하는 분위기나 이미지가 유사하지만 세 사람의 꿈은 서로 뚜렷이 구분되는 개인적 메시지를 담고 있었다. 똑같은 꿈을 꾸어도 개인마다 그 해몽에는 차이가 있다는 뜻이다.

비아는 꿈속에서 제트기가 급강하하면서 로켓을 발사하는 것을 보고 소스라치게 놀랐다. 얼른 지하 콘크리트 벙커로 내려가 숨었지만, 그곳에서도 상황을 개선할 뾰족한 수는 없어 보였다. 그녀는 낙심했다. 나는 그녀에게 깨어 있는 삶에서도 꿈속에서처럼 행동하는 경향이 있느냐고 물어보았다. 그녀는 질문의 뜻을 즉시 알아채고는 직장에서나 가정에서 문제를 내버려둔 채 "벙커 안에 숨어버리는" 상황들을 밝혀냈다. 그녀에게 필요한 것은 자기 힘으로 일어서고 자기 힘으로 소리치는 것이었다.

리즈는 가족과 함께 어렸을 때 살던 집 대문 앞에 서 있는 꿈을 꾸었다. 다섯 대의 낡은 프로펠러기가 군사 대형을 갖추어 날아가고 있었다. 그 순간 어마어마하게 큰 제트기 한 대가 급강하하기 시작했다. 제트기가 추락하면 옛 동네가 완전히 파괴될 것은 뻔했다. 함께 이야기를 나누는 동안 리즈는 그것이 자신의 오래된 습관을 바꾸어야 할 때라고 알려주는 꿈이었음을 깨달았다.

세 번째 사람은 운전을 하고 있는데 번개가 자동차 지붕에 내리꽂히는 꿈을 꾸었다. 꿈속의 차는 그녀가 실제로 가지고 있는 차와 같았다. 장소도 아는 곳이었다. 토론을 한 결과 우리는 그녀의 꿈을 천둥이 칠 때 그 길을 조심하라는 실제적인 충고로 해석했다. 또한 우리는 그녀의 삶에 번개의 위력으로 내리칠 만한 무슨 일인가가 생길지도 모른다는 점도 염두에 두었다.

분노나 슬픔이 화산처럼 폭발하는 꿈이거나 회오리바람이 온 동네를 휩쓸거나 쓰나미처럼 온 땅을 집어삼키는 꿈을 꿀 때도 있다. 그런 꿈들을 해석할 때는 그 꿈들이 실제 현상과 감정적 혹은 상징적 상황에 모두 연관될 수 있다는 점을 기억해야 한다. 꿈은 때로 실제 사건과 그 사건이 꿈꾼 사람에게 미칠 크나큰 상징적 반향을 동시에 예고하기도 한다. 우리는 꿈을 있는 그대로 받아들일 필요가 있으며, 깨어 있는 삶은 좀 더 상징적으로 받아들일 필요가 있다.

🚐 브레이크를 밟아야 할 때

꿈의 거울은 인생의 길에서 우리가 어떻게 행동하고 있는지 보여준다. 꿈에서 너무 빠른 속도로 달리고 있다면 그 꿈은 속도를 늦추고 당신의 앞과 당신의 주변에 무엇이 놓여 있는지 주의 깊게 살펴보라는 권고일 수도 있다.

어쩌면 꿈속에서 한참을 달리다가 '길 없음' 표지나 뚫을 수 없는 장애물에 부닥쳤을 수도 있다. 그렇다면 지금 가는 길이 당신이 정말로 가려는 길이 맞는지 곰곰이 따져보아야 한다.

꿈의 거울은 **백미러**에만 시선을 고정한 채 인생을 살아가는 것을 방지해준다. 흔히 우리는 지나간 일이나 과거의 방식에 붙들려 헤어나지 못하는 경향이 강하기 때문이다.

꿈의 거울은 우리가 인생의 길을 달리는 방식을 보여주면서 우리에게 매우 정확한 충고를 해준다. 한번은 빠른 속도로 운전하는 꿈을 꾼 적이 있었다. 강한 자신감이 느껴졌다. 속도를 내어 건널목에 다다르자 노란색 도개교가 빠른 간격으로 열렸다 닫혔다 하고 있었다. 너무 빠르게 달리다가 다리를 건널 타이밍을 놓치고 말았다. 도개교 위로 차를 몰았을 때는 이미 다리가 올라가고 있었다. 영화 속 추격 장면의 주인공과는 다르게 나한테는 점프해서 다리를 건널 만한 파워도, 스피드도 없었다. 추진력을 얻으려면 뒤로 물러났다가 다리가 내려가는 동안 정확한 타이밍을 맞추어 다리를 건너거나, 아니면 간격이 심하게 벌어져 있지 않은 틈을 이용하여 점프를 해야 했다.

이 꿈을 실제로 다리를 건너갈 때의 충고로 받아들일 마음은 없었다. 하지만 나는 이 꿈을 매우 유용한 방식으로 활용했다. 인생의 중요한 건널목에 다다랐을 때 간직해야 할 충고로 말이다. 또한 나는 이 꿈을 통해 중요한 업무가 생겼을 때 무조건 서두르는 것보다 일정을 조정하고 필요한 자료들을 개발하는 등 좀 더 신중히 행동할 필요가 있음을 깨달았다. 이처럼 꿈을 유용하게 해석할 수 있는 지혜가 필요하다.

⑦ 마음가짐이 꿈을 만든다

꿈은 우리가 일이나 경쟁의 압박으로 이리저리 치일 때 기본적인 가치를 되돌아보게 한다. 그렇게 함으로써 우리는 필요한 순간에 행로를 수정할 수 있다.

세계적인 분석심리학자 칼 융은 꿈으로 윤리적 갈등을 이겨낸 한 사업가의 이야기를 들려준다. 어느 날 한 사업가가 매력적인 제안을 받았다. 그날 밤 꿈에서 그는 자신의 양손과 양팔이 역겨워 보일 만큼 시커먼 흙탕물로 더럽혀져 있는 것을 보았다. 그 꿈을 현실에 연관 짓고 싶지 않았지만, 그는 그 꿈을 "비열한 비즈니스"에 대한 경고로 받아들여 그 제안을 물리쳤다.

성경에는 꿈 때문에 행로를 수정한 왕에 대한 놀라운 이야기가 있다. 신바빌로니아의 왕 네부카드네자르는 꿈에서 하늘 꼭대기까지 자라난 나무 한 그루를 보았다. 그는 나무는 자르되 뿌리는 남겨두라고 명령했다. 유대인 현인인 다니엘은 그의 오만함을 경고했다. 하지만 왕은 그 경고를 받아들이지 않아 끔찍한 재앙을 맞이했다.

행로 수정의 필요성에 대한 꿈의 권고가 언제나 극적이지는 않다.

비행기 정비공 데이브는 일반적으로 흔한, "수업에 지각하는" 꿈의 자기식 버전을 들려주었다. 그의 꿈은 그가 제시간에 도착하려고 아무리 발버둥을 쳐도 마치 발목이 족쇄에 채워져 있거나 발이 땅에 달라붙은 것처럼 걸음이 제대로 옮겨지지 않는 내용이었다.

누구라도 한 번쯤은 "발이 땅에 달라붙은" 기분을 느껴보았을 것이다. 나는 하기 싫은 일을 억지로 해야 할 때, 혹은 다른 사람이 그런 일을 나한테 억지로 시킬 때 그런 느낌을 받곤 한다. 토론이 끝나자 데이브는 지금 잘못된 길로 가느라 허우적대는 중인지도 모르니 다른 길에 대해, 그리고 삶의 초점을 어디로 맞추고 싶은지를 고민해보겠다고 했다.

꿈의 거울을 통해 우리는 우리가 어떻게 이동하고 있는가만을 보는 것이 아니라 언제 다른 길로 들어서야 할지도 본다. 꿈의 거울은 우리에게 엄청난 **객관성**을 선사한다. 꿈이 보여주는 장면은 거짓말을 하지 않는다. 꿈은 소소한 일상의 마음이 품는 환상과 고정관념을 뛰어넘게 해준다. 이는 꿈이 우리가 요구하지 않은 것일 때, 혹은 바라지 않은 것일 때 특히 그렇다.

꿈은 비뚤어진 태도를 보완해줄 뿐 아니라 행로를 수정해준다. 꿈은 양심의 역할을 한다. 도스토옙스키의《죄와 벌》은 꿈의 양심적 기능을 다룬 놀라운 사례연구다. 이 소설의 주인공 라스콜리니코프가 거의 미치광이가 되어 끔찍한 범죄를 꾸미면서 환상적인 백일몽을 키워나갈 때 그의 진정한 꿈은 거울을 통해 그 음모의 사악함을 보여준다.

꿈을 알면 건강이 보인다

 잠든 밤, 주치의를 찾아주세요

꿈은 약이다. 이는 의학 데이터로 쉽게 입증되는 사실이다. 우울증을 앓는 환자들을 뇌파와 렘수면 시간으로 관찰한 임상 연구에 의하면, 꿈의 기능이 증진되었을 때 회복이 시작되었다고 한다. 또한 그들이 꿈을 떠올리는 횟수와 꿈을 말하는 횟수가 증가하면 회복은 더 빠르게 진행된다고 한다.

"필요하다면 기꺼이 처방전을 써드리겠지만, 다음번에 오실 때는 꿈 이야기도 한두 편 들려주세요."

정신과 전문의인 로버트 웨이스버그는 그를 찾아온 우울증

환자들에게 이따금 이렇게 말한다. 그는 꿈을 가장 잘 기억하는 환자가 대체로 증세도 가장 빠르게 호전된다고 한다.

꿈이 건강과 관련하여 의미하는 것은 무엇인지 분명히 짚고 넘어가자.

우리의 신체적, 심리적, 감정적, 정신적 상태를 **올바로** 진단하고 건강한 삶을 영위하려면 무엇을 해야 할지 일러주는 주치의가 있듯이 꿈은 우리의 정신을 치료하는 주치의다. 꿈은 자가 치유가 가능하도록 우리의 몸이 이용할 수 있는 강력한 이미지를 보여준다. 또한 이 주치의는 치유자이자 치료사이며, 우리를 위해 부단히 노력하는 좋은 친구이기도 하다.

꿈이라는 이름의 그 의사는 시간에 구애받는 일 없이 흔쾌히 왕진하며, 진료비는 단 한 푼도 받지 않는다.

이렇게 좋은 의사의 진료와 우정을 거부할 이유가 어디에 있겠는가?

 그녀의 가슴에 총을 겨눈 까닭은?

우리의 몸은 내부에서 무슨 일이 일어나고 있는지 알고 있다. 몸은 꿈을 통해 그것에 대해 일러주며, 꿈은 흔히 신체적 증상이 감지되기 전에 병이 들고 있다는 사실을 알려준다. 이러한 진단적 꿈을 곰곰이 생각해보면 병이 결정적으로 악화하기 전에 방도를 찾아볼 수 있다.

꿈의 풍경은 이따금 우리 몸속에서 일어나는 일을 생생하게 보여준다. 꿈에서 일어나는 갈등은 때때로 면역 시스템이 질병과 맞싸우는, 혹은 싸움에 실패하는 과정을 드라마틱하게 묘사한 것이다. 꿈은 몸의 세포구조 깊숙이까지 우리를 데려간다. 수천 년에 걸쳐 유능한 의사들은 그런 "몸 이야기" 꿈이 신체적 증상이 관찰되기 한참 전부터 병을 정확히 진단해낸다는 사실을 알고 있었다.

이런 방식으로 신체적 메시지를 판독하는 것은, 고대 그리스의 의술이나 다른 여러 문화의 의술에서와 마찬가지로, 중국 전통 의학에서도 중심적인 기능을 담당했다.

엘런은 30대 후반이었을 때 한 남자가 그녀의 집에 침입하여 가슴에 총을 겨누며 위협하는 꿈을 꾸었다. 그녀는 꿈의 이미지에 민감한 편이었으므로, 직관적으로 그 꿈을 유방암이 생겼을지 모른다는 경고로 해석했다. 그녀는 즉시 의학적 도움을 청했다. 그녀의 암은 조기에 발견되어 간단한 종양 절제술로 치료될 수 있었다. 그녀가 꿈을 기억하고 그 꿈의 경고를 따랐기 때문이었다.

새라는 티베트의 불교 승려인 그녀의 치료사와 다른 승려들과 함께 지내는 꿈을 꾸었다. 고기 요리를 하고 싶었지만 고기가 부족했다. 치료사와 승려들은 고기를 주지 않겠다고 했다. 그 순간 커다란 살쾡이 한 마리가 뛰어들어 멍청해 보이는 작은 **강아지**의 등을 할퀴었다.

토론을 통해 그녀는 살쾡이가 공격한 것은 강아지와 같은 그녀의 행동 습성이라는 사실을 깨달았다. 또한 그녀의 현재 업무와 가족 환경은 그녀가 필요로 하는 안정감을 주지 않으며 그녀에게는 다른 환경이 필요하다는 사실을 깨달았다. 그녀는 곧 꿈의 계시를 행동에 옮겼다.

우리의 현재 상황이 어떠하건 간에 꿈에 보이는 동물들의 상태나 행동은 종종 자연스러운 에너지의 길을 따르기 위해 무엇을 해야 하는지, 무엇을 먹고 어떻게 움직여야 하는지, 다른 사람의 마음을 읽고 교류하려면 어떻게 행동해야 하는지에 대한 훌륭한 안내자 역할을 한다.

내 몸을 살리는 처방전, 꿈

꿈은 우리에게 처방을 내려준다. 그 처방은 의사의 진단이 필요할 수도 있고 필요 없을 수도 있다. 꿈은 여러 치료사나 치료법 중에 현명한 선택을 할 수 있도록 도와준다.

낸시는 유방암 진단을 받기 다섯 달 전에 도움이 필요한 세 마리의 흰색 호랑이를 수색하는 꿈을 꾸었다. 법 집행관 한 명이 호랑이들을 추적하는 일을 도와주었다. 낸시의 직관에 따라 두 사람은 호랑이의 위치를 찾아낼 수 있었고, 그 집행관은 자신의 힘과 자신이 받은 공식 훈련을 이용하여 호랑이들을 찾도록 도와주었다. 낸시는 꿈에서 만난 그 집행관을 다섯 달 뒤에 실제로 만났다. 그는 암을 연구하는 의사였다. 꿈은 그녀가 자신의 직관을 계속 따르면서 그의 의학 치료를 받을 수 있도록 그녀를 인도했다.

꿈은 우리의 신체 시스템에 무엇이 약이 되고 무엇이 독이 되는지 구별할 수 있도록 도와준다.

내 친구 완다 버크가 어렸을 때의 일이다. 그녀의 아버지는 처방받은 강장제가 알고 보니 독약이었던 꿈을 꾸었다. 그녀의 어머니가 처방에 따라 약을 사들고 돌아오자 아버지는 그 병을 낡아채 약국으로 되가져가 검사를 요청했다. 착오가 있었던 것이 분명했다. 강장제가 실은 쥐약이었던 것이다.

때로 꿈의 처방은 우리를 자연적 치유로 인도한다. 고혈압으로 고생하던 카라는 그녀의 부엌에 매력적인 주방장이 나타나 라즈베리를 곁들인 맛있는 오트밀을 아침 식사로 차려주는 꿈을 꾸었다. 그 꿈에 자극을 받은 카라는 다음 날 곧장 식료품점으로 달려가 필요한 식품들을 구입한 다음, 그날 아침부터 라즈베리를 얹은 오트밀을 먹기 시작했다. 그 이후 그녀의 혈압은 내려갔다.

꿈은 치유를 위한 신선하고 자연발생적인 이미지의 훌륭한 원천이다. 그 이미지는 우리의 내면 깊숙한 곳에서 비롯한 것이기에 몸은 그 이미지를 믿는다. 꿈의 이미지는 특별히 우리를 위해 만들어진 우리 자신의 자료이기에 누가 이미 만들어둔 다른 시각적 자료보다 훨씬 강력하다.

꿈은 우리의 신체적, 감정적, 심리적, 정신적 상태를 의학 용어와는 다른 자신만의 언어로 보여준다. 꿈의 언어는 곧 자신의 언어이기에, 즉 꿈의 주인은 자기 자신이기에 그 꿈의 의미를 파악하려고 조금만 노력하면 우리는 꿈이 알려주는 처방으로 병을 치유할 수 있다.

두려움 없이, 마침내 그 길을 가라

🌑 현대과학, 꿈을 탐험하다

미국의 물리학자 볼프강 파울리는 물질이 그 자체로 붕괴하지 않는 이유를 설명하는 '배타 원리'를 발견하여 1945년에 노벨 물리학상을 받은 위대한 과학자다. 배타 원리는 현대 물리학의 초석 중 하나로 받아들여진다. 1954년에 노벨 물리학상을 받은 막스 보른은 파울리의 천재성이 아인슈타인을 능가한다고까지 생각했다.

파울리의 말에 의하면, 꿈은 그의 전 생애에 걸쳐 "비밀 실험실"이었다. 과학과 발명의 역사에 있어서 꿈의 역할을 논의할 때, 위대한 발견이 꿈의 이미지에 영감을 받은 것이라는 말을 우리는 일반적으로 듣는다.

엘리아스 하우는 미국 매사추세츠 주의 가난한 농부의 아들로 태어났다. 그는 기계 기술자였는데 아내의 바느질을 대신할 기계를 만들기로 마음먹었다. 하지만 수만 번에 걸쳐 재봉틀 개발에 몰두했지만 실패를 거듭했다. 그러던 어느 날 꿈을 꾸었다. 창을 든 아프리카 식인종이 얼굴 가까이 창을 들이대는데 창끝에 구멍이 뚫려 있는 것을 보고 놀라 잠에서 깨어났다. 그 꿈에서 아이디어를 얻어 재봉틀용 바늘에 뚫을 구멍의 위치를 정했다. 그는 재봉틀 특허를 획득해 만년에 부자가 되었다.

독일의 화학자 케쿨레는 1865년 벤젠의 고리 구조를 밝혀낸 것으로 유명하다. 탄소 6개와 수소 6개로 이뤄진 벤젠은 플라스틱, 염료, 세제, 살충제의 원료로도 널리 사용되는 대표적인 유기화합물이다. 보통 탄소는 주위에 전자 4개를 내어놓아 전자 하나를 가진 수소 4개와 각각 단일결합을 이룬다. 그런데 벤젠에는 탄소와 수소가 모두 6개씩 들어 있어 어떤 식으로 탄소와 수소를 결합시켜도 제대로 된 구조를 만들 수가 없었다. 케쿨레는 이 문제를 탄소 6개가 고리를 이룬 구조로 해결했다. 이렇게 되면 6개의 탄소는 한쪽은 이중결합, 다른 한쪽은 단일결합을 통해 탄소와 손을 맞잡고, 남은 하나의 전자로는 수소와 단일결합을 하기 때문에 탄소와 수소의 수가 완벽히 들어맞는다. 그는 벤젠의 고리형 구조에 대한 힌트를 난롯가에서 풋잠을 자면서 꾼 꿈에서 얻었다고 밝혔다. 그에 따르면 꿈에서 탄소와 수소 원자가 결합한 긴 사슬이 마치 뱀처럼 움직였다고 한다. 그러다가 어느 순간 뱀 한 마리가 자신의 꼬리를 물어 고리를 만드는 것을 본 것이다.

고고학자 헤르만 힐프레히트는 고대 메소포타미아 유물을 발굴하여 조각을 맞추고 있었는데 잘 맞지 않았다. 1893년 어느 날 고민하다가 잠이 들었고, 꿈속에서 고대 아시리아의 사제가 나타나 수수께끼 같은 유물 조각들에 대해 자세한 설명을 해주었다. 꿈에서 깨어 사제가 설명한 대로 조각을 맞추어보니 정확하게 들어맞았다.

이런 예들이 흥미롭고 특별해 보이기는 하지만, 이런 꿈들은 역사상 위대한 사람들만이 꾸는 것은 아니다. 우리도 그러한 꿈을 꿀 수 있다. 꿈은 누구에게나 "비밀 실험실"이 될 수 있다.

이런 작업이 얼마나 깊이 있게 이루어졌는지 이해하기 위해 우선 파울리와 융이 교환한 편지부터 살펴보자. 1932년과 1958년 사이에 특출한 물리학자 파울리와 그에 못지않게 특출한 심리학자 융은 그들의 탐구 주제를 담은 편지를 주고받았다. 그들은 서로 도와가며 다우주의 전 차원에서 마음과 물질이 서로 엮인다는 주제를 탐구했다. 융이 파울리에게 보낸 동시성에 관한 논문 초고는 면도날처럼 날카로운 파울리의 비판 하에 작성된 것이었다. 파울리도 융에게 그 기간에 계속해서 자신의 꿈 이야기를 편지로 써 보냈고, 논문에서도 자신의 꿈이 어떻게 이 모든 탐구 과정을 인도했는지를 이야기했다.

융보다 25살이 더 어렸던 파울리가 스위스의 심리학자 융과 처음 접촉한 것은 파울리가 개인적 위기에 봉착해 조언을 구하던 30살 무렵이었다. 그 이후 파울리가 2년 동안 융과 융의 조수에게 들려준 꿈 이야기는 무려 1,300편에 달한다. 파울리가 기억해낸 꿈이 얼마나 많은지 짐작할 수 있을 것이다. 파울리의 꿈이 드러내는 꿈의 상징과 그 특징의 진화 과정을 추적하면서 융은 꿈이 어떻게 자기실현의 길을 열어주는지에 대한 이론을 발전시켰다.

꿈은 파울리의 연구를 코치했다. 꿈에서 그는 다른 과학자들, 특히 아인슈타인이나 닐스 보어와 함께 토론했고, 그 토론은 그의 이해 수준을 월등히 높여주었다. 꿈은 그를 문헌학 같은 다른 분야의 연구로까지 데려갔다. 융에게 보낸 편지에서 그는 꿈을 통해 윈도우(wind-eye에서 파생된 단어)라는 단어의 어원을 조사하게 되었고, 우연의 작용으로 전에는 한 번도 만난 적 없는 저명한 언어학자를 기차 옆자리에서 만나게 되었다고 썼다.

파울리의 꿈은 특정한 발견 차원을 뛰어넘어 그가 평생의 프로젝트를 깨닫고 추진할 수 있도록 도와주었다. 그 프로젝트는 양자물리학에서 드러난 그의 업적보다 더욱 큰 것으로, 영혼과 물리적 현상 사이에는 그 어떤 실재성 수준에서도 구분이 없음을 설명하는 통일이론에 관한 것이었다. 그 성질을 명확히 이해하게 된 것은 그의 나이 30대 중반, 아인슈타인이 꿈에서 그에게 다가와 양자역학은 1차원적이지만 실재는 2차원적이라고 말했을 때였다. 꿈에서 아인슈타인과 만남으로써 그는 실재의 새로운 차원, 사물의 심리 영성적 깊이를 인정해야 한다는 사실을 깨달았다.

"나는 전통적인 시간 개념으로는 적절히 정의할 수 없는, 더 깊은 영성의 층들이 존재한다는 사실을 받아들이게 되었습니다."

융에게 보낸 편지에 파울리는 이렇게 썼다. 나중에 그는 정신과 물질의 공통된 토대, 물리학과 심리학의 통일을 주된 테마로 연구를 진행했다.

파울리의 연구는 그의 주변에서 빈번히 일어나곤 했던 우연의 작용에 의해 더욱 뒷받침되었다. 그는 천재였으나 감정적으로 문제가 있었다. 그런 감정적 혼란이 이른바 파울리 효과를 설명해줄 것이다. 파울리만 나타나면 값비싼 실험장비가 갑자기 고장나거나 폭발해버렸다. 프린스턴 대학교에 새로 사이클로트론이라는 입자가속기를 설치했을 때도 그가 나타나자마자 고장나버리고 말았다. 그는 드라마틱한 염력효과로 자신이 전설적 인물이 되어가는 것을 점차 즐기게 되었다.

🐾 인류의 역사를 바꾼 꿈의 기록들

J. W. 듄은 군인이자 파일럿, 군용기의 혁신자 중 한 명으로 1910년대에 영국 최초로 군용기를 설계하고 만든 사람이다. 그가 만든 군용기는 V자 모양 날개가 달린 꼬리 없는 비행기로, 그 원리는 오늘날에도 스텔스 기술에 활용되고 있다.

듄이 항공기 설계에 어떻게 관심을 두게 되었는가는 한 아이가 어린 시절 간직한 꿈과 상상이 어떻게 성인기에 이르러 홀

룡한 업적을 탄생시켰는가를 보여주는 매력적인 이야기다. 10대 초반에 그는 SF작가인 쥘 베른의 《구름 위의 클리퍼선》을 읽었다. 그 이야기는 날개 없이 스크루 프로펠러로 추진력을 얻는, 꼭 배처럼 생긴 기구가 등장해 하늘을 날아다니는 내용이었다. 며칠 뒤 소년 듄은 그 비행기구를 발명하는 꿈을 꾸었다. 그러나 쥘 베른이 묘사한 비행기구와는 아주 다른 것이었다. 꿈에서 그는 '나무틀에 희끄무레한 재료로 만들어진 오픈된 작은 보트'에 앉아 구름 속을 날고 있었다. 그 기구는 그가 이전에 보았거나 들었던 그 어떤 것과도 비슷하지 않았다.

"단 한 번도 나는 그 꿈을 잊은 적이 없었다."

듄은 이렇게 회고했다. 보어전쟁이 끝난 후 병가를 받았을 때 그는 그 꿈에 대해 생각했고, 영국 육군성은 '군사적 난제인 정찰을 해결해줄, 공기보다 비중이 큰 장치'를 고안하는 임무를 그에게 맡겼다. 1910년에 그는 V자 모양 날개가 달린 비행기로 시험비행에 성공했다. 그는 나무 버팀목에 캔버스를 댄, 보트처럼 생긴 구조물의 V자 꼭짓점에 앉아 비행기를 조종했다. 비행기를 타고 들판 위를 날아가면서 그는 '단순하고 오픈된 카누를 타고 공중을 여행하는' 느낌이 들었다. 그 순간 그는 20년 전의 꿈이 실현되고 있다는 사실을 깨달았다.

위대한 해양생물학자 루이스 아가시가 잘 알려진 화석 물고기를 분류할 때의 일이다. 한 화석에 박혀 있는 표본만은 도무지 판별할 수 없었다. 망가뜨릴까 봐 돌멩이에서 화석만 뽑아내는 모험도 감행할 수 없었다. 그러던 중 완벽한 물고기 원형을 보는 꿈을 사흘 내리 꾸게 되었다. 그 물고기가 수백만 년 전의 바다에서 헤엄치는 모습이었다. 졸음이 밀려와 이틀 밤에 대한 인상은 붙잡을 수 없었지만, 셋째 날 밤에는 펜과 종이를 머리맡에 두었다. 그러고는 비몽사몽 컴컴한 어둠 속에서 그 고대의 물고기를 그림으로 그렸다. 그는 자신의 그림과 화석 물고기를 비교해본 결과 자신의 꿈이 옳았음을 확신했다.

철도왕 아서 스틸웰의 경우는 어떤가? 그는 위대한 금융가이자 19세기 미국의 철도왕 중 한 명이었다. 그는 큰 재산을 벌었다가 잃고 말았지만, 그의 이름은 스틸웰 파이낸셜처럼, 야누스 뮤추얼펀드나 캔자스시티 서던 레일로드와 여전히 연관성이 있다. 철로를 놓는 일이건 텍사스에 포트아서라는 이름의 도시를 건설하는 일이건, 스틸웰 역시 꿈에서 영감을 얻은 사람이다. 오늘날 포트아서 시는 공식 웹사이트에서 다음의 말로 도시의 기원을 전하고 있다.

"포트아서 시가 건설된 것은 기발한 착상에 기인한다. 이 도시를 세운 철도 개척자 아서 스틸웰은 후에 철도와 그의 이름을 딴 도시의 위치는 그와 꿈에서 대화를 나눈 이들에게서 얻은 아이디어라고 썼다."

스틸웰 본인은 자신의 비즈니스 이력이 다할 때까지 이 사실에 대해 침묵했다. 철로 건설이 꿈에서 들은 계획에 따른 것이라는 사실이 밝혀지면 투자자들이 자신을 '미치광이'로 생각할까 봐 염려되었기 때문이다. 스틸웰은 1921년에, 자신은 전성기를 누리던 시절 꿈에서 안내자들의 방문을 계속해서 받았다고 고백했다. 꿈에서 안내자들은 철로 건설 계획과 포트아서의 위치 및 구획 설계를 알려주었을 뿐 아니라, 책을 쓸 아이디어와 다른 많은 사업적 모험에 착수할 동기들도 제공했다. 스틸웰은 이렇게 썼다.

"이 메시지들이 영혼의 세계에서 온다는 것과 나와 흔치 않은 방식으로 대화를 나누는 이 영혼들의 집단이 공학자, 시인, 작가들로 구성되어 있으리라는 사실에 대해 내 마음속에는 아무런 의심도 없다."

비틀스의 꿈에 나타난 'Yesterday'

☀ 꿈에서 영감을 얻은 거장들

창의적 삶을 위해 반드시 특정한 길을 선택해야 하는 것은 아니다. 창의적으로 살려고 반드시 작가나 화가, 음악가가 되어야 할 필요는 없다. 창조한다는 것은 뭔가 새로운 것을 이 세상에 가져오는 것이다. 그러려면 한 번도 가보지 않은 장소로 떠나는 모험을 감수할 줄 알아야 한다. 가끔은 창조를 위해 "도약적 사고"도 필요하다. 도약적 사고란 일상적인 생각에서 벗어나 창의적인 생각을 하는 것일 수도 있고 가끔은 공상적인 것일 수도 있다.

꿈을 꾸는 것은 창의적 스튜디오에 들어가는 것이다. 우리가 꿈을 붙잡고 꿈이 달아나기 전에 무엇을 해야 할지 배우기만 한다면, 꿈속에는 현실 세계로 가져올 수 있는 창의적 프로젝트의 온갖 원형들이 전시되어 있다. 대단히 독창적인 건축가 프랭크 게리는 꿈에서 구조물을 살펴보고서 그것을 디자인한다고 한다. 그는 이따금 꿈에서 흥미로운 사람들을 만나 자문하기도 한다. 영국 글래스고에 세워진 암치료센터를 설계할 때는 유방암으로 죽은 친구가 꿈에 나타났다. 그녀는 여성 환자들에게 힘과 용기를 줄 수 있도록 건물 모양을 더 여성적으로 만들라고 충고했다. 그 꿈 이후 그는 건물에 레이스 같은 섬세함과 아름다움을 환기시키는 요소들을 입혔다.

과학의 "비밀 실험실"과 마찬가지로 꿈과 더불어 창의적인 일에 참여하는 것은, 세계적인 골퍼 잭 니클로스가 새로운 골프 그립을 알게 된 꿈처럼, 베토벤이 캐논을 작곡한 꿈처럼, 이탈리아 수학자 카르다노가 책의 전체 내용을 받아 적었던 꿈처럼 단순히 "유레카!"라고 외치는 것과 같이 순간적으로 찾아오는 기발한 착상만을 뜻하는 문제는 아니다. 꿈은 우리가 원하기만 하면 언제든 찾아갈 수 있는 창조의 스튜디오가 되어준다. 꿈속에서 우리는 인생이라는 이름의 끊임없이 진화하는 창

의적 프로젝트를 추진할 참신한 통찰과 생생한 에너지를 얻을
수 있다.

그러나 하룻밤 만남으로 탄생시킨 꿈의 작품들도 더없이 흥
미롭다. 그런 꿈들이 얼마나 중요한 결과들을 낳았는지 재미삼
아 한번 살펴보자.

 최고의 노래는 한밤중에 찾아온다

전설적인 록그룹 비틀스의 리더인 존 레논은 말했다.

"최고의 노래는 한밤중에 당신을 찾아오는 노래다. 눈을 뜨
고 얼른 써 내려가야 한다. 그러고 나면 다시 잠을 자도 좋다."

이는 수많은 록 뮤지션들에게 해당하는 말이다. 롤링스톤스
의 히트송 "(I Can't Get No) Satisfaction"은 1965년 플로리다
주 클리어워터에서 기타리스트 키스 리처드의 꿈속으로 찾아
왔다. 그는 화들짝 깨어나 얼른 기타를 집어든 뒤 녹음 버튼을
눌렀다. 꿈속에서 들은 그대로 한 음도 빠뜨리지 않기 위해서
였다. 연주가 끝난 뒤 그는 곧바로 다시 잠이 들었다. 그래서
테이프 대부분은 코 고는 소리로 가득하다. 하지만 멜로디는

살아남았다. 로이 오비슨이 "In Dreams"를 녹음한 것도 꿈에서 그 곡을 들은 직후였다. 트레인의 리드싱어 패트릭 모나한 역시 눈을 뜬 후 머릿속에 맴돌고 있던 선율로 데모 곡 "Drops of Jupiter"를 녹음했다.

조니 캐시는 떠돌이 악단의 호른 연주가 가미된 "Ring of Fire"의 편곡을 꿈에서 들었고, "The Man Comes Around"의 아이디어는 (꿈에서 만난) 엘리자베스 여왕 2세에게서 얻었다. 폴 매카트니가 비틀스의 히트송 "Yesterday"를 작곡한 것도 잠에서 깨어난 직후였다.

꿈은 위대한 바이올리니스트 아널드 슈타인하르트의 삶에도 중심 역할을 맡았다. 내가 그의 이야기를 특히 좋아하는 이유는, 그것이 참을 수 없을 만큼 아름다운 음악에 관한 것이기 때문이다.

바흐의 샤콘느는 영혼의 문을 여는 열쇠다. 달랠 길 없는 비탄의 마음을 소리로 표현한다. 가슴이 미어지듯 아름답다. 마음을 열어주고 영혼을 자유롭게 한다. 반짝이는 날개를 펼치며 새처럼 하늘로 올라간다.

바흐는 그를 고용한 군주와 여행을 떠났다가 집으로 돌아와서 그 사이 사랑하는 아내 마리아 바바라가 세상을 떠나 차디

찬 땅속에 묻혀버린 것을 알았다. 바흐는 죽은 아내를 생각하며 샤콘느를 썼고, 그 곡은 바흐의 D단조 파르티타 5악장이 되었다. 15분도 안 되지만 샤콘느는 솔로 바이올리니스트들에게 지독히 어려운 궁극의 도전과제다.

과르네리 현악 사중주단의 제1바이올리니스트 아널드 슈타인하르트는 젊은 나이에 비극적으로 세상을 떠난, 사랑하는 친구 페트라의 장례식에서 샤콘느를 연주해달라는 부탁을 받았다. 전에도 샤콘느를 여러 번 연주했고 음반 녹음도 했지만, 그는 친구를 잃은 상심에 젖어 어떤 식으로 연주해야 좋을지 다시금 고민했다. 그는 바흐가 직접 쓴 악보의 복사본으로 연습에 연습을 거듭했다. 다른 위대한 바이올리니스트들의 음반도 들어보았다. 친구들이나 조언자들의 도움도 구했다.

그러던 중 그는 죽은 친구의 집 지붕 밑 방에 가 있는 꿈을 꾸었다. 그곳에서 그는 천창을 열어둔 채 마음껏 활을 움직이며 바이올린 연습을 하곤 했다. 페트라가 꿈속에서 바흐를 데리고 그 방으로 올라왔다.

구불거리는 가발을 쓰지도 않았고 복장도 현대의 것이었지만 그가 누구인지는 금방 알아볼 수 있었다. 이 얼마나 엄청난 행운인가! 그는 생각했다. 그 곡을 쓴 주인공으로부터 샤콘느의 정수를 배울 황금 같은 기회가 주어진 것이다.

그는 자신의 연주를 들려줄 생각에 천창을 열었지만, 바흐는 바이올린을 치우라고 손짓했다. 그는 바흐에게 샤콘느와 아내의 죽음의 연관성에 대해 물어보려 했지만, 바흐는 대답 대신 그의 팔을 붙잡고 비좁은 지붕 밑 방에서 춤을 추기 시작했다. 바흐는 샤콘느의 리듬을 허밍으로 흥얼거리며 느리고 우아하게 스텝을 밟으며 춤을 이끌었다. 샤콘느를 연주하는 법을 가르치고 있었던 것이다.

그는 그 움직임의 짜릿한 느낌을 담아 그 후 연주회장에서, 친구의 장례식에서, 나중에는 개인적인 헌사의 의미로 마리아 바바라 바흐의 무덤 앞에서 그 곡을 연주했다.

슈타인하르트의 《바이올린의 꿈》은 울고 노래한 그의 바이올린과 그가 나눈 평생의 열정적인 사랑을 추억한 아름다운 회고록이다. 그 책에서 그는 인생의 전환점마다 풍요로운 꿈들이 자신이 소명을 따르도록 도와주었다고 고백했다. 그 책은 그에게 바이올린의 역사와 선물을 배우라는 과제를 내려준 어느 날의 꿈으로 시작한다. 또 다른 꿈에서는 아름다운 여인이 그를 찾아와 자신을 바이올린의 영혼이라고 밝혔다고 한다.

꿈의 모험선을 탄 소설가들

꿈은 작가들에게 믿을 수 없을 만큼 놀라운 선물이다. 우선 일지에 꿈을 기록하는 것부터 시작하자. 단번에 글쓰기 근육이 불끈거리기 시작하고 몸이 후끈거릴 것이다.

재클린 미처드는 첫 소설 《대양의 깊은 수심》의 내용을 꿈에서 보았다고 한다. 그 전부를 모조리 기록하기까지는 몇 년이라는 시간이 걸렸다. 세상을 떠나기 3년 전에, 이집트의 소설가이자 노벨문학상 수상자였던 나기브 마푸즈는 작가는 매일 뭔가를 써야 한다고 말했다. 기력을 잃고 있다 하더라도 작가는 매일 뭔가를 써야 한다. 그가 한 일은 자신이 꾼 꿈의 삽화들을 글로 옮긴 것이다.

"정말 아주 짧은 이야기들이에요. 마치 이것처럼 말입니다." 그는 둘째손가락의 끝 부분을 짚는다.

꿈이 제공하는 것이 창의적인 아이디어만은 아니다. 꿈은 창의적인 **에너지**도 제공한다. 스티븐 킹은 《미저리》의 아이디어가 그의 다른 소설들과 마찬가지로 꿈에서 찾아왔다고 회상한다. 그가 런던행 비행기에서 잠을 자고 있을 때였다. 그는 한 여자가 나오는 꿈을 꾸었다. 그 여자는 한 작가를 인질로 붙잡아 끝내는 죽이고 말았다. 살갗은 벗겨 냈고 나머지는 돼지에게 먹였다. 벗겨 낸 살가죽은 그 작가의 소설을 묶는 데 사용했다. 브라운호텔에 도착하자마자 킹은 순식간에 50페이지를 써 내려갔다. 플롯은 집필 도중 많이 바뀌었지만, 그 책을 탄생시킨 최초의 비전과 그 책을 마칠 수 있도록 한 에너지는 꿈이 준 선물이었다.

로버트 루이스 스티븐슨은 "꿈에 대한 한 이야기"에서, 자신의 창작 과정 중에 꿈이나 꿈 같은 상태가 수행하는 중심적 역할을 기술했다. 병약했던 어린 시절에 그는 종종 밤의 공포나 '밤의 마녀'를 만나는 꿈을 꾸면서 가위에 눌리곤 했다. 그러나 나이를 먹어가자 꿈은 그에게 점점 환영받는 모험이 되어갔다. 꿈속에서 그는 종종 이야기를 읽었고, 작가가 되고자 하는 야심을 키워나가면서 소재를 얻는 영리한 방법은 자면서 읽은 이야기를 옮겨 쓰는 일이라는 생각을 하게 되었다.

꿈의 프로듀서들은 그의 부탁을 들어주었다. 마감이 촉박할 때면 꿈의 프로듀서들은 특히 부지런을 떠는 것 같았다.

"그들은 누구인가? 그들은 의심의 여지없이, 꿈꾸는 자의 친밀한 벗이다.……내가 깊은 잠에 빠져 있을 때 내 일의 절반을 해주는, 내가 완전히 깨어 혼자 힘으로 할 수 있다고 경솔하게 생각해버릴 때도 십중팔구 나머지 절반을 해주는, 그런 그들을 단지 꿈에 지나지 않는다고 어떻게 말하겠는가. 그들에게 축복이 내리기를! 내가 잠들어 있을 때 행해진 부분은 논란의 여지 없이 그들이 한 것이다. 하지만 내가 깨어 있을 때 행해진 부분도 반드시 내가 했다고 할 수는 없다. 그 순간에도 그들의 손길이 거쳤음이 모든 부분에서 드러나기 때문이다.……그들은 꽤 판타스틱하고, 그들의 이야기처럼 화끈하고 열정적이며, 그 풍경은 생동감 넘치는 사건들로 생생히 살아 있다. 게다가 초자연적인 것에 대해서도 아무런 편견이 없다. 그리고 도덕적 잣대도 들이대지 않는다."

8

문제는 내 안에 있다

☻ 나에겐 무언가 문제가 있다

"영혼은 언제나 떠나려고 애를 쓰는 무엇입니다."

슬픔에 빠진 한 젊은 여성이 내 워크숍에서 이렇게 선언했다. 그녀가 영혼의 회복이라는 선물을 받아들이자 슬픔은 끝났고, 그녀의 눈동자에, 그녀의 생활에 빛이 되살아왔다.

우리 대부분은 우리 자신의 일부를 잃어버리는 것이, 또는 "좀 모자란" 누군가와 만나는 것이 어떤 느낌인지 잘 알고 있다. 그것은 우리의 일상 대화 속에 녹아 있다. 우리는 우리 자신에 대해 "내가 정신이 잠시 나갔나 봐"라고, 또는 타인에 대

1부 | 내 안에 숨어 있는 보물찾기도, 꿈

해 "그 사람 좀 덜떨어졌지"라고 말한다.

서구철학은 개인의 내면에 존재하는 자아의 여러 측면을 치유하려고 많은 수단과 표본을 제공한다. 하지만 그것들이 없을 때 우리가 무엇을 해야 할지는 거의 다루지 못한다.

영혼의 상실은 고통과 학대, 상처와 비탄 때문에 일어난다. 우리가 아주 깊은 상처를 받으면 우리 일부는 우리의 몸을 떠난다. 그리고 다시는 같은 슬픔과 상처를 겪고 싶지 않기 때문에 되돌아오지 않는다.

영혼의 상실은 또한 선택의 결과로 일어난다. 우리는 관계를, 집을, 직장을, 고향을, 라이프스타일을 떠나기로 한다. 그러나 우리 일부는 때로 우리의 삶에서 에너지를 분리시켜 다 뽑아낼 때까지 그 선택에 저항한다.

또한 우리의 **큰** 꿈을 포기하기로 할 때, 신념의 창조적 도약을 거부할 때, 사랑에 자신을 맡기려는 마음을 거부할 때 우리는 영혼을 상실한다. 우리 자신이나 타인에게 거짓말하는 습관을 들였을 때 우리는 영혼을 상실한다.

우리의 꿈은 분열된 자아를 어떻게 치유하는지를, 어떻게 하면 상실된 에너지와 정체성을 원래 있던 몸속으로 되가져올 수 있는지를 보여준다.

꿈은 영혼의 회복으로 우리를 초대한다

꿈이 우리에게 영혼의 문제들을 제기하여 영혼의 에너지가 돌아오도록 길을 마련해주는 방법들을 살펴보자.

신발에 대한 꿈

신발에는 "밑창"이 있다. 그래서 종종 신발 꿈은 더욱 심오한 의미에서 "영혼"과 관련된다. 꿈속에서 신발의 상태는, 특히 신발 한 짝이나 몇 켤레를 잃어버렸다면, 당신의 영혼에 무슨 일인가 생겼음을 말해준다.

옛 장소에 대한 꿈

어린 시절의 한 장면으로 돌아가는 꿈은, 특히 그 꿈을 반복적으로 꾼다면, 우리의 에너지와 정체성의 치명적인 부분이 그 옛 장소에 아직도 머물고 있다는 뜻이다. 꿈속에서 자꾸만 돌아가는 곳이 유년의 집일 수도 있고, 과거의 파트너와 함께 살던 집일 수도 있다. 이런 꿈은 그 장소에 되돌아가 아직도 그곳에 붙들려 있는 영혼의 자아를 회복시키라는 꿈의 초대다. 그 "옛 장소"에서 만나는 사람은 가족일 수도 있고, 세상을 떠난 사랑하는 사람일 수도 있고, 죽음을 앞두고 도움이 필요한 사람일 수도 있다.

어린 시절의 자아를 분리된 개인으로 보는 꿈

이런 유형의 꿈은 우리를 부추겨 어린 시절에 잃어버린 우리 자신의 일부를 인식하고 회복하게 한다. 아주 가까이 다가설 때까지 그 아름다운 아이가 누구인지 깨닫지 못할 때도 있다.

우리는 때로 마법 거울을 통해 잃어버린 우리의 부분들을 바라본다.

로저는 거울 속에서 각기 다른 나이의 자신을 보는 꿈을 꾸었다. 그 모습들이 한데 모여 서로 부둥켜안는 것을 보면서 그는 전율을 느꼈다. 그러나 오직 하나, 5살의 수줍은 소년만은 다가오지 않고 오히려 주춤주춤 물러서고 있었다.

로저는 그 꿈속으로 다시 들어갔다. 그는 5살짜리 소년에게 즐겨 놀던 장난감을 건네며 살살 꾀어보았다.

"꼭 이쪽으로 올 필요는 없어. 하지만 너도 함께 놀고 싶으면……."

5살짜리 자신이 마침내 돌아왔을 때 로저는 몸이 가벼워지고 에너지로 충전된 기분이 들었다.

동물이 나를 인도하는 꿈

영혼의 회복을 위해 우리를 초대하는 **큰** 꿈은 동물 안내자와 연관된 것이 많다.

페기는 언덕 위에 서 있는 꿈을 꾸었다. 꿈속에서 그녀는 여러 형체에 에워싸여 있었는데, 조금 지나자 그 형체들이 자신의 모습들이라는 것을 알아볼 수 있었다. 아기 때의 자신, 10대의 활달한 자신, 그리고 슬픈 표정으로 떨어져 있는 자신도 있었다. 그녀는 그들을 전부 데려오려 했지만, 11살의 자신만큼은 등을 돌린 채 점점 멀어져 갔다.

페기가 골짜기 저 아래를 내려다보자 멀리서 어떤 짐승이 먹이를 먹는 것이 보였다. 그 짐승이 고개를 들었다. 커다란 검은 곰이었다. 곰은 그녀가 서 있는 쪽을 뚫어져라 쳐다보았다. 온몸이 오싹해질 정도로 강렬한 눈빛이었다. 곰은 굉장한 속도로 언덕을 뛰어올라 페기 쪽으로 달려왔다. 그녀 가까이 다가서자 곰은 뒷발로 일어섰다. 페기는 온몸이 얼어붙는 것 같았다. 곰은 그 큰 발을 내밀더니 그녀의 손을 덥석 잡았다.

"난 너의 제일 좋은 친구야."

잠에서 깨어난 페기는 날아갈 듯 개운했고 온몸이 에너지로 충전된 것 같았다. 자신의 삶이 온통 가능성으로 채워진 것 같았다. 그 꿈은 그녀에게 아주 많은 것을 선사했고 심오하고 직접적인 치유도 해주었으므로, 나 또한 그녀의 기쁨을 함께 나누었다. 꿈속에서 페기는 영혼의 상실로 말미암아 오래도록 내버려두었던 어린 자아들을 포함하여, 자신의 여러 모습을 인식하고 그 모습들을 한데 모을 수 있었다. 게다가 힘센 벗도 얻게 되었다. 그러나 그 꿈은 그녀에게 풀어야 할 중요한 문제를 남겨놓았다. 11살짜리 자신을 어떻게 돌아오게 하느냐는 것이었다. 페기는 꿈의 재입장 기법을 활용하여 "제일 좋은 친구"의 힘을 빌리기로 했다.

왜 나는 꿈을 기억하지 못하는가?

영혼의 상실을 알려주는 최초의 증상은 꿈을 기억할 수 없다는 것이다. 그것은 더 깊숙한 현실에서 꿈꾸고 여행하던 자아의 일부가 고통 때문에건 혐오감 때문에건 어디론가 행방불명된 것과 같다. 그러나 꿈이 돌아올 수 있도록 날마다 조금만 우리의 시간을 내어놓는다면, 우리 자신을 위해 영혼을 회복하는 훈련을 할 수 있을 뿐 아니라 다른 사람의 영혼도 회복시킬 수 있다. 이는 우리가 잠에서 깨어날 때 잠속에서 일어난 일을 무엇이든 기억해보겠다고 동의하는 것에서부터 시작될 수 있다. 이렇게 함으로써 우리가 받아들일 준비가 되었다는 것을 꿈의 근원에 알려주는 것이다.

릴케가 상처 입은, 또는 상처 입힌 사람들에 대해 노래한 것처럼, "어른의 마음에는 최초의 세상, 태고의 세상에 대한 동경이 숨겨져 있다." 우리의 동경이 내쉬는 숨결은, 잃어버린 아름다운 소년소녀 시절에 경험한 경이와 생명력과 순수, 그리고 꿈과 마법으로 가득한 소년소녀 시절에 살았던 "최초의 세상"을 향한다. 우리가 꿈의 문을 열면 그들에게 가는 길을 찾을 수 있을 것이며, 그들 또한 우리에게 오는 길을 찾을 수 있을 것이다.

9

사람을 끌어당기는 작지만 큰 힘, 꿈

✱ 그 사람이 진정 꿈이 아니길

꿈이 우리를 감정적, 정신적, 육체적으로 완성해줄 파트너를 찾아가는 길을 보여줄 수도 있다. 우리가 꿈을 올바른 방식으로 나누고 다루면 더 진지하고 즐거운 관계를 유지할 수 있다. 또한 우리는 꿈에서 상실의 감정들을 끊어내야 할 때가 언제인지를, 숨통을 조이는 관계나 파괴적인 관계에서 벗어나야 하는 순간이 언제인지를 알 수 있다.

개비는 키가 크고 매력적인 유대인 남자와 함께 있는 꿈을 꾸었다. 〈미국에서 가장 재미있는 홈비디오〉의 진행자 밥 사겟을 닮은 사람이었다. 꿈속의 남자도 사겟처럼 재미있고 무대기질이 다분했다. 개비는 그 남자를 한국에 데리고 가서 "제가 결혼할 사람이에요"라고 말하며 가족들에게 소개했다. 가족들 모두 그를 좋아했다.

개비는 이 꿈이 대단히 놀라웠다. 가족들이 옛날부터 한국 남자와 한국식으로 결혼해야 한다고 단단히 일러두었기 때문에 더욱 놀라웠던 것이다.

9개월 뒤에 그녀는 꿈속의 그 남자를 만났다. 맨해튼에서 열린 내 워크숍에서였다. 밥 사겟처럼 로저도 180센티미터가 넘는 큰 키의 유대인이었고, 유머 감각이 대단했으며, 배우이자 극작가였다. 서로 알아가면서 로저도 꿈에서 개비를 보았다는 것을 알게 되었다. 그들을 맺어준 꿈 덕분에 2006년 여름 롱아일랜드 해안에서 그들은 마침내 결혼에 골인했다.

⏱ 그에게서 멀어져야 할 때

꿈은 거울이 되어 우리의 관계들을 비춘다. 결혼생활에 걱정이 많던 한 일본계 미국 여성은 남편과 함께 해변에 간 꿈을 꾸었다. 그녀는 물에 뛰어들어 서핑하고 싶었지만, 남편은 바다가 "지저분해서" 안 된다고 했다. 남편은 그녀를 물 깊이가 몇 센티미터 정도로 얕은 장식용 풀장으로 데려가더니 그곳에서 수영하는 건 괜찮다고 말했다. 그녀는 이 꿈이 현재 자신이 처한 상황을 그대로 재연한 장면임을 깨달았다. 그녀는 남편이 형식적이고 피상적인 결혼생활을 벗어날 수 있는 방법을 찾아 봐야겠다고 결심했다.

꿈은 또한 우리의 내면과 우리의 파트너에게 내재한 열정과 힘의 깊이를 보여줌으로써 관계를 새롭게 하여 관계가 다시 성장할 수 있도록 도와준다. 결혼생활에 점점 타성을 느끼던 한 남자가 육감적인 여신과 사랑을 나누는 꿈을 꾸었다. 여신의 모습은 곧 아내의 모습으로 바뀌었다. 그날 이후 그는 아내를 새로운 눈길로 바라보게 되었다.

"당신이 여신과 결혼했다는 사실을 깨닫는 데 시간이 이렇게나 많이 걸렸어요?"

그가 마침내 용기를 내어 꿈 이야기를 하자 아내는 그를 이렇게 놀렸다.

지금이 벗어나야 할 때임을 알려주는 꿈도 있다. 텍사스 출신의 잉그리드는 꽤 오랫동안 아무 느낌 없고 무미건조하게 이어져 온 결혼생활에 대해 꿈의 안내자에게 물어보기로 했다.
꿈속에서 그녀는 테이크아웃 식당에서 군침 도는 요리를 주문
하고서 음식이 나오기를 기다리고 있었다. 그녀가 정말 좋아하
는 음식이었다. 주문한지 한참이 지났고 돈도 이미 지불한 뒤
였는데 아무리 기다려도 음식이 나오지 않았다. 사람들이 무리
지어 들어오고 나가기를 반복하면서 주문한 음식을 바로바로
받아갔는데 어찌 된 영문인지 그녀가 주문한 요리만 나오지 않
았다. 그때 귀엽게 생긴 한 음악가가 다가와 주문한 음식을 받
아가면서 이렇게 말했다.

"여기, 정말 별로인데요."

꿈에서 깨어난 그녀는 사는 것이 서글프고 시들하게 느껴졌
다. 그녀와 나는 다음과 같은 결론에 도달했다.

"내가 사는 곳은 아무리 기다려도 나에게는 도움이 되지 않
는 장소 같군요."

그녀는 그 길로 남편에게 이혼을 요구했다. 그 이후 꿈에서
만난 귀여운 음악가를 닮은 남자와 결혼하여 잘 살고 있다.

🐟 꿈이 수전에게 말하고자 한 것

꿈은 가족의 과도기를 어떻게 넘길 것인가에 대해 우리를 코치한다. 여기서는 모든 부모에게 해당할 한 가지 사례만 들어보겠다.

수전은 꿈속에서 10대에 들어선 아들에게 스스로 성장할 수 있는 자기만의 공간을 주는 동시에 안전을 보장할 문제에 부딪혔다. 온 가족이 하와이로 휴가를 떠날 준비를 하고 있을 때였다. 수전은 아들이 친구와 바다 멀리 나가서 사라져버리는 꿈을 꾸었다. 그 친구는 아들보다 나이가 조금 더 많았다. 그녀는 겁이 났지만 이제 아들이 자신의 품을 벗어나야 할 때라는 사실을 깨달았다. 수전은 몹시 심란한 마음으로 눈을 떴다. 그로부터 며칠 뒤 아들이 가족과 함께 하와이로 가는 대신 친구들과 함께 남겠다는 의사를 알려왔다. 수전은 꿈이 그대로 실현되면 어쩌나 하는 의심을 떨치며 꿈의 안내에 따라 다른 방도를 생각해냈다. 가족이 휴가를 떠났을 때 아들을 보살펴줄 만한 사람을 신중하게 골랐고, 무모한 운전으로 악명 높으며 나이가 더 많은 친구의 차는 절대 타지 않겠다는 다짐을 아들에게서 받아냈다. 수전은 자신의 꿈을 보다 일반적인 메시지로 받아들였다. 그 메시지는, "아들이 마주할 인생의 도전을 스스로 이겨내도록 어떻게 준비시킬 수 있을까?"였다. 자식은 나이가 들면 부모의 품을 떠나게 되어 있다. 그것을 받아들이고 어떻게 대처할 것인가를 꿈은 보여준 것이다.

아버지와의 마지막 화해

꿈은 물리적 삶을 함께하는 사람뿐 아니라 죽은 사람과의 관계도 치유할 수 있다. 무수히 많은 사람이 매일 밤 꿈을 통해 "죽은 자"와 접촉한다. 우리는 꿈을 통해 용서하고 화해한다.

미국 북동부에 위치한 코네티컷 주의 한 서점에서 있었던 일이다.

한 여성이 돌아가신 아버지가 그녀를 찾아오는 괴로운 꿈 이야기를 들려주었다. 그녀는 꿈속에서 아버지에게 반항적이었으며 적대감을 품고 있었다고 말했다. 그러자 아버지는 그녀가 아주 어렸을 때 그녀를 학대한 사실이 있다고 인정했다. 그러면서 그녀에게 용서를 구했다고 한다. 나는 시인 예이츠가 "꿈속의 귀향"이라 불렀던 사후 과도기에 대해 말해주었다. 그 시기에, 죽은 사람은 자신이 방금 떠나온 세상에서 행한(혹은 행하지 못한) 일에 대한 이해를 구하려고 산 사람을 방문한다는 것이다. 그것이 사실이건 아니건 간에 만약 그런 꿈을 꾸었다면 꿈을 꾼 자는 무의식적으로 그를 용서하고 싶어 한다. 현실의 자아가 그것을 받아들이지 못할 뿐이다. 그것은 바로 억압이 된다. 그래서 꿈속에서 누군가가 만약 용서를 구하러 온다면, 그를 용서해야 한다. 그것은 오히려 자신을 억압에서 해방하는 길이다. 그녀는 이 이야기가 큰 도움이 되었다고 말하면서, 꿈을 통해 아버지를 용서하고 어쩌면 사랑하고 축복할 수 있을 때까지 노력해보겠다고 했다.

죽은 자와의 접촉이 자연스러운 일이며 치료와 용서가 죽음의 장벽을 넘어서도 가능한 일이라는 것을 거의 배우지 않는 사회에서, 또 사후의 여정에 대해 효과적인 준비를 거의 하지 않는 사회에서, 꿈은 우리에게 매우 소중한 정신적 스승이다.

꿈이 당신에게 주는 선물

10

 꿈은 당신의 영혼을 일깨워준다

꿈은 우리에게 개인적 진리를 상기시켜준다. 번민과 고뇌로 가득 찬 폭풍의 인생길에서 꿈은 우리에게 나아갈 길을 알려준다.

거짓말을 일삼는 왕에 대한 페르시아 설화가 있다. 왕은 타인뿐 아니라 자신에게도 거짓말을 한다. 그의 영혼은 혐오감을 느낀 나머지 매가 되어 그의 가슴에서 멀리멀리 날아가 버린다. 왕이 잘못을 뉘우치면 영혼의 새는 되돌아온다. 그러나 왕은 또 거짓말을 하게 된다. 결국 영혼의 매는 영원히 그를 떠나

1부 ㅣ 내 안에 숨어 있는 보물찾기도, 꿈

85

버렸다. 결국 왕은 병들고 왕국은 쇠망한다.

꿈 같은 이 이야기는 음미할 필요가 있다. 꿈은 양심의 소리이자 삶의 진리로 안내하는 안내자이다.

나는 어렸을 때 꿈의 안내자로부터 가장 중요한 지식은 **아남네시스**anamnesis를 통해 온다는 것을 배웠다. 그 말은 영혼과 정신의 차원에서 알고 있던 지식을 "상기한다"는 것을 의미한다. 꿈은 **영혼의 상기**를 훈련하는 가장 좋은 방법이다. 우리의 삶에 목적이 있음을 상기한다면, 그리고 그 목적이 현재 당신이 목표하는 것보다 훨씬 더 높은 차원의 목적임을 알아차린다면, 당신의 인생은 훨씬 더 풍부해질 수 있다.

이따금 꿈은, 우리가 살아가고 일하는 바로 그곳에서 어떤 진리를 일깨워준다. 패트릭은 자신의 직장이 마음에 들지 않았다. 업무가 싫었고 직장 동료들도 마음에 들지 않았다. 어느 날 그는 꿈에서 자신이 일하는 고층 빌딩의 엘리베이터 앞에 서 있었다. 뒤를 돌아본 그는 소스라치게 놀랐다. 맞은편 벽에 현실에서는 존재하지 않는 엘리베이터 문이 보였던 것이다. 문이 열리자 그는 엘리베이터 안으로 들어갔다. 엘리베이터는 1층까지 내려갔다. 밖으로 나와 위를 쳐다보자 그의 일터가 완전히 바뀌어 있었다. 빌딩은 산의 일부가 되어 있었고, 산 정면에는 어마어마하게 큰 날개를 단 천사의 형상이 보였다. 그 순간 어떤 목소리가 들려왔다.

"이곳은 신성한 장소입니다."

패트릭은 이 꿈을 통해 큰 가르침을 받았다. 그 꿈을 꾼 뒤 그는 꼬박꼬박 출근하는 직장도, 나날의 일상에 참여하는 일도 신성한 목적에 따라 살아가는 삶의 일부임을 절실히 깨닫게 되었다. 두 세계가 분리되어야 할 이유는 전혀 없었다. 그 이후 그는 직장 생활이 즐거워졌고 동료들에게도 환영받는 존재가 되었다.

내 삶의 베아트리체는 어디에 있는가?

단테의 《신곡》 중 2부인 〈연옥〉편에는 주인공 단테가 베아트리체라는 이름의 아름다운 안내자를 만나는 장면이 나온다. 그녀는 여러 해 동안 꿈속으로 그를 찾아갔는데도 그가 알아채지 못했다고 책망한다. 이 이야기는 명료하고 지속적인 메시지를 담고 있다. 진정한 영혼의 스승은 우리를 찾고 있다는 사실이다. 우리 자신이 바로 스승인데 우리가 그것을 알지 못하고 있을 뿐이다. 우리 자신이 스승이기에 찾으려고만 하면 언제든지 찾을 수 있다. 스승이 우리를 찾아오는 곳은 아집과 상식을 넘어설 수 있는 꿈속이다.

꿈속으로 우리를 찾아오는 안내자들은 우리의 이해 수준에 맞는 가면과 복장을 하고 있다. 그리스에는 "신들은 가면을 쓰고 하는 여행을 즐긴다"라는 속담도 있다.

안내자는 흔히 친근한 모습으로 찾아온다. 오랜 친구의 모습일 수도 있고, 세상을 떠난 사랑하는 사람의 모습일 수도 있다. 거룩한 안내자는 우리의 종교에 익숙한 모습으로 나타날 수도 있고, 우리의 통념을 깨는 모습으로 나타날 수도 있다. 참된 스승들은 종종 일부러 우리를 놀라게 하여 깨우침을 준다.

우리가 만나는 소중한 스승은 낯선 사람이 아니다. 그는 우리 자신의 '고양된 자아'다. 페르시아의 위대한 철학자이자 신비주의자 여행가인 수흐라와르디는 안내자를 만난 이야기를 다음과 같이 아름답게 풀어놓는다.

어느 날 나는 꿈 같은 엑스터시를 경험했다. 나는 돌연 부드러움에 둘러싸여 있었다. 눈을 멀게 할 만큼 강한 섬광이 비치더니 투명한 빛이 인간의 형상이 되어 다가왔다. 그곳에 그가 있었다.

영혼의 조력자, 지혜의 스승이었다. 그 형상은 나를 신비로 가득
채웠고, 그 눈부신 아름다움은 나를 어질하게 만들었다. 그가 내
게 말했다.

　"자기 자신으로 돌아가라. 그러면 문제가 해결될 것이다."

나만의 보물지도를 그려라

내 삶의 조력자부터 구하라

당신의 꿈에 대해 다른 사람이 왈가왈부하는 것을 당신은 원하지 않을 것이다. 지금까지 살펴보았듯이 꿈은 당신에게 여러 가지 힘을 선사하는데, 다른 사람이 당신의 꿈(당신의 인생)에 대해 이래라저래라 간섭하면 그 힘을 빼앗길 것만 같다.

하지만 당신의 꿈이 수수께끼 같아서 당신 혼자서는 파악할 수 없다면 당신은 누구에겐가 도움을 청할 수 있다.

도움을 청하는 것은 나쁜 일이 아니다. 개인적으로 말하자면, 나는 내 꿈을 탐구할 때 받을 수 있는 모든 도움을 받아들인다. 당신의 꿈에 대해 최고의 도움을 줄 수 있는 사람은 당신의 힘을 빼앗아가지 않고 당신이 취해야 할 행동에 대해 도움말을 주는 사람이다. 그 사람이 꿈이나 그 비슷한 것의 "전문가"일 필요는 없다.

물론 꿈의 해석자들은 오늘날에도 여러 사회에서 수요가 높다. 구약성서에 나오는 다니엘과 요셉의 이야기를 떠올려보자. 고대 메소포타미아에서 꿈의 해석자는 힘 있는 인물이었다. 왕과 비슷한 권세를 가졌던 사람도 종종 있었다. 메소포타미아 문헌에서 꿈의 안내자는 "누군가의 머리맡에 누워 있는 자"로 묘사된다. 이 표현은 메소포타미아 문화에서 최고의 꿈의 안내자들이 한 일이 단순히 단어들을 분석하는 것과는 아주 다른 것이었음을 보여주는 매우 흥미로운 단서다. 그들은 꿈꾸는 자의 상황과 영적인 공간으로 들어가 그곳에서 말하는 것을 그들의 게임으로 여겼다.

타인의 공간에 가 있다고 상상하는 것, 그것이 우리가 지금 배우려는 게임의 일부다. 그렇다고 "누군가의 머리맡에 누워 있을" 필요는 없다.

지난밤의 꿈, 그 문을 두드려라

꿈의 의미를 파악하는 가장 좋은 방법은 꿈속으로 되돌아가 더욱 완전한 경험을 하는 것이다. 꿈의 경험과 꿈의 기억을 혼동해서는 안 된다. 꿈의 기억이란 흔히 흐릿하게 남은 꿈의 파편들을 말한다. 꿈속으로 되돌아가면 꿈의 이미지를 사실적으로 받아들여야 하는지, 상징적으로 이해해야 하는지, 아니면 밤 동안 또 다른 분리된 현실을 잠깐 본 것으로 생각해야 하는지 알 수 있다.

꿈속으로 되돌아가면 더 많은 정보를 얻을 수 있다. 예를 들어 미국의 경제지 《포춘》이 선정한 500개 기업 중 한 기업의 이사였던 내 친구는 회사가 위기에 처했을 때 해변의 집으로 소집되는 꿈을 꾸었다. 직업을 잃을지도 모르는 상황이었다. 그는 그 집이 직장 상사 중 한 명의 주말 별장인지도 모른다고 생각했지만 그 위치를 정확히 알 수는 없었다. 나는 그에게 꿈속으로 되돌아가 정보를 좀 더 얻어오는 것이 좋겠다고 권유했다. 나는 그가 자신의 목적을 좀 더 명확히 할 수 있도록 도와주었다. 그의 목적은 '해변의 집으로 돌아가 업무 위기에 관해 좀 더 알아보고 싶다'는 것이었다. 나는 그가 꿈의 여행을 떠날 수 있도록 연료를 제공했다. 이 경우에는 규칙적인 북소리를 들려주었다.

편안한 자세로 눈을 감은 채 북소리를 들으며, 그는 보통의 현실에서 한 번 갔던 집을 다시 찾아가는 것처럼 꿈속의 집을 정확하게 찾아갈 수 있었다. 그는 그 집이 정말로 그의 직장 상사 중 한 명의 별장인 것을 알게 되었고, 직업을 잃게 될지도 모르는 당면한 위기에 대해 구체적인 정보를 얻을 수 있었다. 이 방법을 활용함으로써 그는 두 가지 것을 얻을 수 있었다. 우선 그는 업무 위기에 대해 받은 사전 경고를 이용하여 직장을 잃는 일이 없도록 적절한 조치를 취할 수 있었다. 그리고 꿈에서 보았던 위기가 현실화되기 시작하자 그는 정말로 꿈속에서 찾아간 그 해변의 집으로 불려가서 긴급회의에 참석했다. 테이블 오른쪽에 앉았으며, 화장실이 어딘지 물어볼 필요조차 없었다.

꿈속으로 되돌아가야 하는 또 다른 이유는 두려움을 극복하기 위해서다. 당신의 집에 누군가가 침입한 꿈을 꾸었다고 가정해보자. 그 사람이 정말로 당신을 공격할 것인지 혹은 질병처럼 당신의 몸속으로 침투하는 상징적인 침입자인지 알고 싶을 것이다. 그것도 아니면 침입자는 실제로 당신의 또 다른 모습이며, 그 앞에서 일상의 작은 자아들이 두려워 웅크린 것일 수도 있다. 그것을 알아내는 한 가지 방법은 꿈의 공간으로 되돌아가 침입자가 나타난 그 장소에서 다시 한 번 침입자를 조사하는 것이다.

꿈속으로 되돌아가고 싶은 또 다른 이유에는 어떤 것들이 있을까? 세상을 떠난 사랑하는 사람이나 정신적 스승, 영적인 안내자처럼 꿈속에 나타나는 누군가와 대화를 나누려고? 혹은 단순히 재미있는 꿈이어서? 파리나 하와이에서, 혹은 다른 행성에서 행복한 시간을 보내고 있는데 알람시계가 울리는 바람에, 혹은 아이가 침대로 뛰어오르는 바람에 당신은 그만 행복한 꿈에서 깨버렸을 수도 있다.

어떻게 하면 꿈속으로 되돌아갈 수 있을까?

해변의 집으로 불려간 내 친구의 사례처럼, 워크숍이나 개인 상담을 하면서 나는 간단한 꿈의 재입장 기법을 이용한다. 꿈꾼자에게 심장 박동과 비슷한 북소리를 꾸준히 들려주면 그는 긴장을 풀고 꿈속으로 서서히 들어갈 것이다. 북소리는 뇌파를 최면 상태, 때로는 렘수면과 관련된 리듬으로 몰아가는 효과가 있어 마음의 산만함을 최소화한다. 또한 북소리는 여행에 활력을 주는 연료 같은 역할을 한다. 집에서 혼자 하려면 북소리가 녹음된 CD를 사용할 것을 권한다.

아이의 꿈 이야기를 놓치지 마라

꿈을 이해하려고 어른들만 도움이 필요한 것은 아니다. 꼬마들도 마찬가지다. 아이들 역시 공감적이고 존중적인 피드백을 필요로 한다. 아이에게 절대 말하면 안 되는 가장 나쁜 말 중 하나는, "그건 단지 꿈에 지나지 않아"이다. "그건 개꿈이야"라고 말하는 것도 마찬가지다. 아이들에게 꿈은 현실이다. 꿈이 현실이 아니라고 윽박지른다면 아이들은 이를 자기 유기의 한 형태로 경험하게 될 것이다.

꿈에서 아이들이 우리가 해주었으면 하고 바라는 것은 단 세 가지다.

완전한 집중과 귀 기울여 듣기

아이들은 우리가 들어주기를 원한다. 아이들이 꿈을 이야기하는 데 필요한 시간은 고작 몇 분이다. 아이들은 그 몇 분 만이라도 휴대전화나 그 어떤 간섭도 없이 우리가 정말로 열심히 들어주기를 바란다. 아이가 꿈을 기억할 수 있도록 질문해보자. 하지만 아이들의 꿈을 해석하고 분석하려는 충동은 참자. 아이들은 그런 것을 필요로 하지 않는다. 아이들이 꿈 이야기를 할 때 오롯이 집중해주기만 하면 된다. 아이들은 자기 목소리를 가지고 뛰어난 스토리텔러가 되어 스스로 이야기한다. 그렇게 함으로써 우리는 아이들에게 가정에서 다루어져야 할 문제들을 안전하게 표면화시키는 방법을 제공할 수 있다. 아이들, 특히 어린아이들은 어른들보다 꿈의 세상에 훨씬 친숙하다. 어른이란 영혼 속의 꿈꾸는 자와 쉽게 교신이 끊어지는 존재니까.

무서운 꿈을 몰아내려면

아이가 "나쁜 꿈" 혹은 악몽 때문에 불안해한다면, 그 괴로움이 오로지 꿈 때문인지, 아니면 불안정한 영혼의 에너지 때문인지 구분하는 것이 중요하다. 가정 문제일 수도 있고, 학교 문제일 수도 있고, 혹은 다른 문제일 수도 있다. 잘 경청하면 아이의 문제를 발견할 수 있다. 아이가 어울리지 못하고 감정적 혼란을 겪는 주된 이유는 환경이므로 그런 생각을 얼른 떨쳐버리는 방법을 가르쳐주어야 한다. 아이를 밖으로, 혹은 욕실로 데려가 그 뭔가를 말 그대로 **뱉어내게** 할 수도 있다. 아니면 아이를 괴롭히는 뭔가를 그림으로 그린 뒤 찢어버리게 한다. 만약 꿈속에서 나쁜 일이 진행되고 있다면 꿈의 공간에서 아이를 지켜줄 보호자를 마련해주어야 한다. 나는 꿈에서 무서운 상황에 부딪히면 좋아하는 동물인형이나 장난감 병정이 꿈의 보호자가 되어 도와줄 것이라고 아이들에게 말하곤 한다. 이 방법은 아이들에게 놀라울 정도로 잘 통한다.

꿈을 존중하는 창의적인 방법

아이들은 꿈을 뭔가 창의적인 것으로 바꾸어보라고 하면 무척 좋아한다. 꿈을 이야기나 연극으로 꾸미거나, 스케치나 그림으로 그려보게 하자.

당신이 바로 주인공이다

🏛 처칠의 인생을 바꾼 편지 한 통

꿈은 역사적 사건에서 대부분의 역사가들이 인정하는 것보다 훨씬 큰 역할을 담당한다. 하지만 역사학자들은 오래전에 섹스에 대해 그랬던 것처럼 꿈에 대해 말할 때도 왠지 부끄러워하는 것 같다.

그 사실을 입증하는 사례 하나.

마틴 길버트 경은 윈스턴 처칠의 전기를 쓰는 방대한 작업에 수십 년을 바친 학자다. 기억이 가물가물하면 20세기 전반에 일어난 굵직한 사건들과 그중에서도 가장 주목할 만한 히틀러의 패배를 떠올려보자. 처칠의 주도적인 역할이 없었다면 생각조차 하기 어려운 일이었다. 그의 혜안, 그의 용기, 전 민족의 힘을 일깨우고 동력화하는 그의 탁월한 능력은 가장 어두운 암흑기에 영국과 민주주의를 살려냈다.

이제 1914년 6월 제1차 세계대전이 일어나기 바로 전날로 가보자. 총리가 되기 직전에 처칠이 사망했다고 가정해보자. 길버트가 쓴 전기를 읽었다면 이 일이 터무니없는 망상은 아님을 알 수 있을 것이다. 충분히 있을 법한 일이었다. 처칠은 젊은 날에 고공비행을 즐겼고, 그 무렵 비행수업을 받고 있었다. 그러니 수업중에, 아니면 혼자 비행을 즐기다가 그야말로 때 이른 죽음을 맞았을 수도 있었다. 처칠은 다른 장군들은 아직 생각도 하지 못할 때 군용기의 도입을 일찌감치 주장한 사람이었다. 영국해군의 제독이 되자 그는 셰피 섬의 이스트처치에서 젊고 용감한 해군 조종사들에게 비행기 조종법을 가르쳐달라고 요구했다. 그들은 기껍게 그의 명령에 따랐다. 그는 해안으로 급강하할 때 비행정을 조종하며 느끼는 자유로움을 사랑했다. 하지만 당시에 비행은 굉장히 위험한 일이었다. 초기 비행기들은 부서지기 쉬웠고 불안정했으며, 공중에서 몸체에 균열이 생기거나 부품이 떨어져 나가는 일도 허다했다. 사람들이

1부 | 내 안에 숨어 있는 브롤링치도, 곰

99

기록한 통계에 의하면 5천 번의 비행마다 한 명꼴로 사망자가 발생했다. 처칠이 좋아했던 비행 강사들이 그와 함께 비행한 지 며칠 만에 사망했고, 사고가 난 비행기도 처칠과 함께 탔던 비행기였다. 처칠의 친구들과 가족, 특히 아내 클레멘타인은 처칠에게 비행을 그만두라고 간청했다. 하지만 그의 고집을 꺾을 수는 없었다. 그의 용기는 절대 마르지 않았고, 그는 자신의 행운을 믿었다.

그때 그의 마음을 바꿔놓는 일이 발생했다. 1914년 6월, 처칠은 사랑하는 아내 "클레멘타인"에게 전보를 보냈다. 아내는 아이들과 함께 친정에 가 있었다. 그 전보에서 그는 적어도 그들의 "아기 고양이"가 태어날 때까지는 비행하지 않겠다고 약속했다. (그녀는 세 번째 아이의 출산을 앞두고 있었다.) 그는 하늘을 너무 사랑했고 얼마 후면 조종사 배지를 달 수 있었으므로 그렇게 말하면서도 망설였을 것이다. 그래도 그렇게 했다.

마틴 길버트는 처칠이 아내에게 보낸 편지 내용을 보여준다. 그 편지를 읽으면 허술한 초기 비행기구를 타고 붕붕거리며 날아다니는 일을 중단하겠다는 처칠의 결정이 그의 목숨을 구했으리라 짐작해볼 수 있다. 그러나 1,000페이지나 되는 《처칠, 어떤 인생》에서 길버트는, 클레멘타인이 그 전날 디에프에서 남편에게 전보를 보내면서 무슨 말을 했는지는 밝히지 않고 있다. 클레멘타인이 말한 것은 자신이 꾼 꿈에 대한 내용이었다. 처칠이 비행을 중단하겠다고 결심한 것은 바로 그 꿈 때문이었다.

세상을 뒤바꾼 그 꿈을 역사 속에 복원시켜보자.

클레멘타인이 1914년 6월 5일에 보낸 전보에는 다음의 내용이 담겨 있다.

> 사랑하는 당신, 당신이 시어니스에 비행하러 간다는 사실을 알고 난 뒤로 걱정되어 어쩔 줄을 모르겠어요. 아무것도 당신을 막을 수 없다는 것은 잘 알아요. 똑같은 잔소리로 당신을 피곤하게 할 마음도 없어요. 하지만 제가 언제나 걱정한다는 것을 잊지 말고 가급적 적게, 그리고 적당히 하면 좋겠어요.

클레멘타인은 남편이 비행을 나가는 것이 두렵다는 내용의 편지를 전에도 여러 차례 보냈다. 그러나 이 전보에는 뭔가 특별한 데가 있었다. 끔찍한 꿈 이야기를 한 것이다. "충돌하고 폭발하는" 그런 종류의 꿈이 아니라, 그의 마음을 송두리째 뒤흔든 그런 꿈이었다. 클레멘타인은 꿈속에서 백치 아기를 낳았

고, 그 아기를 죽이고 싶다는 마음이 들었다. 그녀가 쓴 내용을
그대로 옮겨본다.

　　꿈에서 아기를 낳았는데, 의사와 간호사가 아기를 보여주지
않고 숨기려 했어요. 계속 졸랐는데도 들어주지 않기에 결국 침
대에서 빠져나와 온 집 안을 샅샅이 뒤졌어요. 마침내 컴컴한 방
안에서 아기를 찾아냈어요. 아기는 괜찮아 보였고, 허겁지겁 아
기의 옷을 벗기고서 손가락, 발가락 수를 세어보았어요. 아무 이
상이 없는 것 같아 아기를 품에 안은 채 얼른 밖으로 달려 나갔
어요.

　　그 순간 햇빛이 비쳤고, 아기가 입이 벌어진 백치라는 사실을
알게 되었어요. 무엇보다 섬뜩했던 건, 의사가 그 아기를 죽여주
었으면 하고 제가 바랐다는 사실이에요. 그러나 의사는 깜짝 놀
라 아기를 다시 빼앗아갔고, 저는 몹시 화가 났어요. 그 순간 눈
을 떴다가 다시 잠들었는데, 똑같은 꿈을 또다시 꾸었어요. 지금
몹시 초조하고 불안해요. 별거 아닐 수도 있지만 그 일 때문에
아침 내내 마음의 갈피를 잡을 수가 없어요.

　　어제 잠자리에 들고 난 뒤 밤늦게 당신의 전보가 도착했어요.
전보를 받아들 때마다 행여 당신이 비행하다 목숨을 잃었다는

내용이 아닐까 조마조마해요. 어제도 겁이 났지만 마음을 놓고 안도의 한숨을 쉬면서 잠자리에 들었어요. 오늘 아침 악몽을 꾼 뒤에 그 전보를 다시 보면서 위로를 받을 생각이었지만, 그 전보가 당신이 원래 가려고 했던 도버가 아니라 시어니스에서 온 것이라는 사실에 덜컥 겁이 나네요. 당신이 이 순간에도 비행하고 있는 게 아닌가 하고요.

처칠 자신도 그렇게 썼겠지만, 클레멘타인의 꿈과 그 꿈을 남편에게 전달할 수 있었다는 사실이 "운명의 흐름"을 바꾸어 놓았다. 아내나 다른 사람들이 그토록 비행을 말렸어도 확고했던 처칠의 마음이 그 한 번의 메시지로 바뀌었다. 아내의 전보를 받은 즉시 적어도 셋째 아이가 태어날 때까지는 비행을 하지 않겠다고 약속하는 전보를 보낸 것이다.

클레멘타인의 권고성 꿈을 다른 위인들의 아내에게 주어진 꿈의 경고와 비교해보자. 유명한 일화로, 카이사르가 암살당하기 전날 밤 그의 세 번째 아내인 칼푸르니아는 그가 암살당하는 꿈을 두 번이나 꾸었다. 그녀는 지난밤 꿈속에서 피투성이의 카이사르가 자신의 무릎 위에서 죽어 있었다고 말했다. 그녀는 그가 참석하기로 예정된 로마원로원에 가지 않기를 간청했다. 카이사르는 아내의 간청과 충고에 원로원 회의에 불참하기로 마음먹었다. 그러나 브루투스는 카이사르를 찾아와 원로원 회의에 카이사르가 참석하지 않으면 안 된다고 그를 설득했다. 카이사르는 결국 원로원 회의에 참석했고, 그곳에서 브루투스가 포함된 암살단에 의해 최후를 맞이했다.

처칠이 꿈의 경고를 받아들인 이유가 어쩌면 클레멘타인의 꿈이 직접적이지 않았기 때문인지도 모른다. 윈스턴 처칠은 그 문제의 "백치"가 자신일 수도 있다고 생각했을까? 아니면 그 꿈을 아내의 두려움과 걱정이 태어날 아기에게 문제를 일으킬지도 모른다는 경고로 받아들였을까? 남아 있는 기록으로는 그 대답을 알 수 없다. 우리가 알 수 있는 것은 그 꿈이, 꿈보다 사실을 믿는다고 말한 한 남자를 설득하여 꿈을 사실로 받아들이도록 했다는 점이다. 만약 처칠이 아내의 꿈을 받아들이지 않고 계속 비행을 했다 하더라도 반드시 처칠이 죽었을 것이라고 단정할 수는 없다. 하지만 그 가능성은 얼마든지 있다. 반대로 카이사르가 아내의 꿈을 받아들여 좀 더 신중하게 행동했더라면 로마의 역사 또한 바뀌었을 수 있다.

이슬람과 꿈의 심리학

　서구역사에서는 상당 부분 꿈의 역할을 외면해버리지만, 이는 매우 안타까운 일이다. 우리가 꿈과 환시가 존중받고 숭배되는 사회에서 꿈이 어떤 역할을 하는지 알지 못하는 것은 더더욱 안타까운 일이다. 지금 현재 기독교 사회와 이슬람 사회는 심각한 충돌과 갈등을 빚고 있다. 서구 민주주의 사회가 이슬람 사회에서 벌어지는 사건들을 올바로 이해하고 적절히 대처하지 못하는 결정적 이유 중 하나도 그들의 꿈을 이해하지 못하기 때문이다.

　이슬람교의 모든 핵심 종파는 꿈에 매우 큰 비중을 둔다. 이는 선지자 마호메트에게 바쳐진 성전『하디스』에 나오는 유명한 글귀인 "꿈은 예언의 46분의 1을 차지한다"만 봐도 잘 알 수 있다. 46분의 1이라는 말이 처음에는 대수롭지 않게 들리겠지만, 그것은 우리가 그 맥락을 잘 몰라서다. 마호메트가 코란을 갖고 돌아온 천상여행을 떠나기 전에 6개월 동안 한 일은 오로지 꿈을 꾸는 것이었다. 그 여행을 통해 그는 선지자가 되었다. 그 엄청난 계시의 밤 이후 그는 23년을 더 살았다. 6개월은 23년의 46분의 1에 해당하는 숫자다. 이런 맥락에서 보면 꿈이 "예언의 46분의 1"이라는 말에는 근본적인 중요성이 내포되어 있다. 꿈이 예언의 열쇠이자 선행조건이라는 것이다.

이슬람교의 꿈의 심리학에서는 알 루야al-ruya, 즉 "진짜 꿈"을 구분한다. 진짜 꿈은 자면서 혹은 깨어 있는 환시의 상태에서 경험하는 꿈이다. "진짜 꿈"의 조건은 꿈꾸는 자가 합당한 의식 상태에 있으면서 영적 조력자들의 인도에 따라 지각하는 것이다.

이슬람교의 꿈의 심리학에서 그 중심의 신조는 꿈속에서 꿈꾸는 자의 영혼 또는 정신의 일부가 육체를 초월하여 멀리 떨어진 곳이나 다른 현실 차원으로 찾아갈 수 있다는 것이다. 이러한 영혼의 여행을 통해 꿈꾸는 자는 앞으로 일어날 사건이나 먼 곳의 상황에 대한 정확한 정보를 파악할 수 있으며, 다른 현실 차원에 있는 조언자들과 접촉할 수도 있다.

이슬람교의 모든 핵심 종파는 죽은 자와 꿈꾸는 산 자 간에 지속적인 교류가 있다는 사실을 인정한다. 9세기에 이븐 아비 알 두냐가 쓴 《꿈의 책》에는 죽은 자의 꿈에 대한 300편의 생생한 기록이 담겨 있다. 그중에는 누가 먼저 죽든 먼저 죽은 친구가 산 친구를 찾아가 저세상을 미리 구경시켜주자는 친구들 간의 약속을 다룬 이야기도 있다. 《꿈과 그 해석》은 지금까지도 이슬람 세계에서 가장 인기 있는 꿈 관련 서적이다. 이 책을 쓴 8세기 작가 이븐 시린은 "죽은 자가 꿈속에서 말하는 것은 무엇이든 진실이다. 그가 진실의 세계에 살고 있기 때문이다" 라고 단언했다.

이슬람교의 꿈의 심리학은 단순히 해석의 차원이 아니다. 많은 이슬람 학교들이 또 다른 현실 영역, 즉 "꿈의 세상"으로 의식을 이동시키는 기술을 가르치고 연습시킨다. 그 세상은 감각 영역의 현실성에 절대 뒤지지 않는, 어쩌면 훨씬 더 현실적인 장소로 받아들여진다.

 ## 이슬람교와 꿈의 위임장

역사적으로 이슬람교의 모든 핵심 종파에서 권력자는 꿈의 위임장을 받은 사람들이었다. 지도자들이 신의 인도를 받아 신도들의 인정을 받게 되는 것은 강력한 꿈 때문이었고, 그 꿈이 선지자 마호메트와의 사적인 만남에 관한 것이라면 더더욱 그랬다.

중동과 남유럽을 지배했던 이슬람 초강국 오스만제국의 기원은 그 창건자인 오스만의 꿈으로 거슬러 올라간다. 오스만제국의 술탄은 칼리프, 즉 마호메트의 "후계자"이자 신도들의 지도자이며 전 이슬람 세계의 충실하고 영예로운 지배자였다.

오스만의 **큰** 꿈 중에는 개종에 관한 것도 있었다. 그는 원래 천지의 힘을 숭배하는 용맹한 기마전사족 출신이었다. 오스만이 경건한 이슬람교도로부터 코란의 말씀을 배우기 시작했을 때 한 천사가 꿈속에 나타나 말하기를, 그가 코란을 공경했기 때문에 그의 가문도 대대손손 공경받게 될 거라고 했다. 이 꿈으로 오스만은 칼리프로서의 권위를 인정받을 수 있었다.

오스만은 자신의 사타구니에서 나무 한 그루가 자라기 시작해 온 땅에 그림자를 드리울 때까지 커다랗게 자라는 꿈도 꾸었다. 그러자 세계적인 도시 콘스탄티노플이, 그가 손가락에 끼려고 손을 뻗친 결혼반지의 사파이어와 에메랄드 사이에 박힌 다이아몬드 모양으로 보였다. 이 꿈은 세계 제국의 건설과 1453년에 콘스탄티노플이 오스만의 후계자들에 의해 함락된 사건을 예언한 것이었다. 또한 이 꿈은 오스만이 딸을 달라고 구애했을 때 시큰둥한 반응을 보였던 이웃 이슬람 지도자의 마음을 움직였고, 오스만은 그의 아름다운 딸과 결혼할 수 있었다. 꿈꾼 자는 술탄 오스만 1세가 되었고, 그 나무는 수백 년 동안 무성히 자랐다.

꿈은 오늘날에도 이슬람 세계에서 정치적, 종교적 권력자에게 위임장을 제공하며, 때로는 꿈을 구체화하는 특별한 힘도 생성시킨다.

아프가니스탄 탈레반의 창시자인 뮬라 오마르의 이력을 한번 살펴보자. 그는 외모로 보자면 위엄도, 카리스마도 없는 인물이다. 그러나 그가 진짜 꿈을 꾸었다는 말이 퍼져 나가자 그를 광적으로 추종하는 자들이 엄청난 속도로 증가하기 시작했다. 꿈에서 그는 선지자 마호메트로부터 고국에서 혁명을 이끌고 이슬람의 관례를 변화시키라는 사명을 받았다. 뮬라 오마르의 개인적 꿈은 매우 빠른 속도로 집단적 운동의 꿈이 되어갔다.

알카에다 지도자들을 포함한 다른 이슬람 극단주의 지도자들과 마찬가지로, 뮬라 오마르도 꿈을 비밀 정보원으로서 귀중히 여긴다.

뮬라 오마르는 2001년 9 · 11 테러 공격이 있기 전에 페샤와르에 있는 BBC 통신원에게 전화를 걸어, 백악관이 불타는 것을 본 그의 형제의 꿈에 대해 논의했다. 오마르는 그의 형제가 꿈에서 보았다는 백악관이 실제와 얼마나 똑같은지 확인하고 싶었던 것 같다. 아마도 그 꿈이 전략적 정보로서 믿어도 좋은 지 평가하기 위해서였을 것이다. 탈레반의 지도자 오마르에 대해서는, 그는 자신의 꿈으로부터 승인받지 않으면 어떤 군사적 행동도 허락하지 않는다는 말이 전해진다.

서구 국가들이나 미디어는 꿈속에서 시공을 가로지르며 중요한 정보를 수집한다는 사실을 받아들이기 힘들어 하는 것 같지만, 이슬람 세계에서 이것은 일반적인 상식이며, 오늘날에도 **활용**되고 있다.

이 전쟁은 이미 자네 편이네

오스만제국의 술탄이자 이슬람교의 칼리프였던 술레이만 대제는 많은 전투를 승리로 이끌었다. 그러나 행운이 등을 돌리자 그의 군대는 출정을 나가서도 머뭇거리며 눈치만 보았다. 무엇보다 그의 의지가 약해진 것 같았다. 그 많은 전투를 승리로 이끈 승자이자 300명의 아내를 거느린 지배자가 막사 안에서 미적거리고만 있었다.

그러던 어느 날 술레이만은 후다이 에펜디의 견습 수도사가 그의 병영에 와 있다는 소식을 들었다. 후다이는 로도스 섬을 정복할 때 술레이만을 수행한 이슬람 지도자였다. 그 이후 그는 적의 침략에서 비교적 안전한 언덕 꼭대기 영토를 하사받았고, 그곳에 수도원을 지어 자신의 교단 수도사들이 생활할 수 있도록 했다. 그는 꿈의 대가로 알려졌다. 그는 12명의 수도사들이 누워도 괜찮을 만큼 엄청나게 큰 침대를 만들도록 했다. 그리고는 밤이 되면 자신이 선택한 12명의 견습 수도사들과 머리를 맞대고 바퀴살처럼 몸을 펼친 채 그 침대에 함께 누웠다. 그들은 함께 진짜 꿈의 상태, 알 루야로 들어갔다. 그들은 우리가 길을 건너듯이 손쉽게 시간을 가로질러갔다. 후다이의 위대한 능력은 꿈꾸는 자들의 바퀴가 만들어낸 힘으로 12배로 강해졌다.

술레이만은 견습 수도사를 막사로 불러 꿈의 대가 후다이의 혜안이 필요하다고 말했다. 술레이만은 돈과 안전한 여행을 보장할 테니 로도스 섬으로 가서 그 꿈의 대가와 함께 돌아와 달라고 부탁했다. 후다이 에펜디가 먼 곳에 있지 않다는 수도사의 말에 술탄은 깜짝 놀랐다. 수도사는 꿈의 대가가 아침 기도 전에 술레이만을 찾아올 거라고 장담했다. 그는 술탄이 고요히 잠속으로 빠져들 수 있도록 "최면 사과"를 주었다. 술레이만은

껍질을 벗긴 후 그 사과를 먹었다. 술탄은 잠자리에 들기 전에 궁정 관리들에게 경계를 철저히 하라고 명령한 후 후다이 에펜디가 도착하는 대로 자신에게 데려오라고 당부했다.

아침이 되자 환관 근위대장은 꿈의 대가를 기다리느라 눈이 빨개져 있었다. 그는 견습 수도사가 사기를 친 것이 뻔하니 술레이만이 화를 낼 거라고 확신했다.

"자네가 틀렸네."

술레이만이 말했다.

"꿈의 대가가 간밤에 나를 찾아와 자기가 모든 것을 알아서 한다고 말했네. 그가 몸소 전장에 나갔으니 우리의 승리는 떼놓은 당상일세. 전령이 한 시간 내에 소식을 전해올 걸세."

한 시간도 안 되어 전령이 말을 달려와, 적군의 지도자인 헝가리 군주가 기괴한 광증에 사로잡혀 장군들에게 명령을 엉망으로 내린 바람에 헝가리 군대를 패배로 몰아넣었을 뿐 아니라 그 자신은 말에서 떨어져 죽었다고 보고했다.

이 일화를 통해 우리는 꿈속에서 수행되는 정찰과 영적 작전이 고급 전략의 하나로 받아들여지는 사회의 모습을 엿볼 수 있다.

9 · 11 테러는 이미 꿈에서 시작되었다

9 · 11 테러 이후 수면에 떠오른 정보 중 가장 오싹한 것은 알카에다 작전가들과 다른 이슬람 극단주의자들이 테러 공격의 세부 내용을 그 일이 일어나기 전에 이미 꿈으로 꾸었다는 사실이었다.

이 정보는 2001년 11월 5일 아프가니스탄의 칸다하르에서 만들어진 비디오테이프에 담긴 것으로, 그 테이프에는 오사마 빈 라덴과 사우디의 한 극단주의 성직자가 9 · 11 테러의 뒷이야기에 대해 나눈 대화가 기록되어 있다. 두 사람이 나눈 이야기는 공격이 감행되기 전에 그 작전에 대한 꿈을 꾸었다는 양측 네트워크의 조직원들에 대한 것이었다. 물론 그 조직원들은 어떤 일이 계획되고 있는지 아는 바가 전혀 없었다. 많은 추종자들이 비행기가 미국에 있는 고층 빌딩으로 날아가 꽂히는 꿈을 꾸었지만, 비행기 납치 계획에 대한 소문을 들은 사람은 아무도 없었다.

빈 라덴은 꿈 이야기가 계속 새어나가면 작전이 위태로워질 수 있다는 생각이 들어 몹시 염려했다고 말했다.

"모두가 그런 꿈을 꾸기 시작하면 비밀이 새어나갈지도 모

1부 | 내 숨어 있는 보물지도, 꿈

른다는 생각이 들더군요."

그래서 그는 미국의 고층 빌딩이 공격받는 꿈을 꾸었다는 자에게 이렇게 말했다.

"또다시 그런 꿈을 꾸면 아무에게도 이야기하지 마라."

빈 라덴이 등장하는 이 테이프는 언론에서 수차례 방영되었지만, 꿈의 논의 부분은 간과되었고, 주류 언론에서도 헤드라인 기사가 되지 못했다. 하지만 테이프의 절반 이상이 꿈에 관한 이야기였고, 두 대화자의 논의의 핵심은 꿈이었다.

순교자들의 낙원에 대한 꿈이나 사망한 자살 테러범들이 꿈속에 찾아오는 이야기는 알카에다 투사들을 후속적으로 그러모으고 동기를 부여하는 데 주요한 요소가 되어 왔다. 알카에다 조직원으로 이라크에서 사망한 사우디 사람은 "천국에 사는 검은 눈의 여인들"이 꿈속에 나타나 자신에게 사후세계로 들어가는 "열정"을 주었으며, 그런 꿈을 세 번이나 꾸었다고 보고했다. 이라크의 미군기지를 공격하면서 사망한 예멘의 자살 차량 폭파범은 사후에 동료들의 꿈에 나타나 "천국에 와서 함께 지내자"라며 그들을 부추겼다. 그는 죽기 전에 동료들에게 저세상에 가면 그들을 찾아오겠다고 약속했다고 한다. 죽으면 꿈속에 찾아오겠다는 약속은 이슬람 사회에서 그 역사가 오랜 것이다.

9 · 11 테러가 있기 전 알카에다 지도자들이 매일같이 하던 일은 새벽 기도 전에 서로 꿈을 나누는 것이었다고 한다. 서구의 지도자들 중 이 비슷한 일을 하는 사람이 얼마나 될까? 이제 우리는 그들이 꿈을 위한 자리를 만들지 않음으로써 얼마나 많은 것을 놓치고 있는지 헤아려볼 수 있을 것이다.

🍎 꿈은 인류가 갈 길을 보여준다

아기들이 걸음마를 떼고 말을 시작하기 전에 꿈속에서 걷고 말하는 연습을 하는 것처럼 어쩌면 인류도 새로운 국면에 다다르면 꿈에서 미리 연습을 하는지도 모른다. "막연한" 아이디어들에 대해 말할 때 우리는 그 뜻을 파악할 찰나에 와 있다. 그 한 단면을 예술가들이나 SF작가들이 종종 수십 년 혹은 수백 년 앞서 새로운 기술을 예측해왔다는 사실에서 알 수 있다.

꿈은 동시대의 도전과제들을 이해하도록 우리를 영적인 깊이로 데려간다. 꿈은 현재의 정책과 실행 결과를 개인에서 지구 전체 차원에 이르기까지 모든 척도에서 보여준다. 꿈을 통

1부 | 내 안에 숨어 있는 보물지도, 꿈

115

해 우리는 우리와는 판이한 사람들의 마음과 정황으로 들어가 그들의 눈으로 바라볼 수 있게 된다. 그리하면 적대자에 대한 뿌리 깊은 편견과 강박증을 뛰어넘을 수 있다.

우리가 **능동적**으로 꿈꾸는 자가 되어 타인과 꿈의 선물을 공유하게 되면, 우리는 세상을 위한 평화와 치유의 그물을 짤 수 있다. 이는 매우 급박한 문제다.

안다만제도 사람들의 "꿈의 그물"이 떠오른다. 그들이 2004년 12월에 일어난 참혹한 쓰나미를 모면할 수 있었던 것은 그들의 꿈이, 그리고 그들이 동물이나 땅과 맺은 긴밀한 유대가 쓰나미를 예고했기 때문이다. 인도 정부는 쓰나미 이후 안다만제도 사람들이 거주하던 어촌이 버려진 것을 보고 그들이 모두 죽었을 것으로 생각했다. 인도 정부가 정찰용 헬리콥터를 고지로 보내자 섬사람들이 모습을 드러냈다. 그들은 헬리콥터에 화살을 쏘면서 뉴델리로부터의 원조는 원하지도, 필요로 하지도 **않는다**는 신호를 보냈다.

용맹한 안다만제도 사람들에게는 집단으로 꿈꾸는 전통이 있다. 그들은 밤에 지역사회의 "큰 집들"로 모여들어 지역사회 전체가 생존하고 발전하기 위한 방안들을 꿈꾼다. 그들이 함께 꿈의 그물을 짜는 모습을 그리면, 꿈의 정찰병들은 그 그물을 가로질러 신속하게 움직이면서 집단의 공동 이익에 도움이 되는 핵심 정보들을 수집하여 돌아온다.

꿈은, 인류의 일원으로서 우리에게 주어진 선택의 범위와 가능성을 확장시킨다.

폴란드의 한 여성은 나한테 이렇게 말했다. 꿈은 소비에트의 지배와 압제 하에 살던 그 기나긴 세월 동안 자신과 자기 민족이 더 나은 삶을 누릴 수 있을 것이라고 힘을 불어넣어 준 "자유의 필름"이었다고.

꿈은 우리가 자신을 가둔, 혹은 우리를 가두도록 타인에게 허락해준 구속에서 벗어날 수 있도록 도와준다.

한번은 꿈속에서 동물원 안을 서성이다 한 무리의 사람들이 우리에 갇힌 갈기가 무성한 사자를 철창 사이로 멍청히 바라보면서 찌르고 놀려대는 모습을 보았다. 넌더리가 났다. 그때 느닷없이 관광객 중 한 명이 비명을 질렀다.

"우리 문이 열렸다!"

사자가 뛰쳐나와 공격할까 봐 모두 겁을 먹고 허둥지둥 달아났다. 내가 열린 문 안으로 들어가자 사자는 뛰어올라 앞발을 내 어깨 위에 올리더니 강아지처럼 얼굴을 살살 핥아주었다. 사자는 내가 뒤를 돌아보고 진실을 알아주었으면 하는 것 같았다. 뒤를 돌아본 나는 철창에 갇혀 산 것은 동물이 아니라 인간이었다는 사실을 알게 되었다. 사자가 있는 장소는 자연과 자유, 끝없는 지평선의 공간이었다. 사자는 중후한 목소리로 내게 말했다.

"알다시피 인간이란 우리에서 살겠다고 **선택**한 유일한 동물이야."

우리가 알고 있기로, 어떤 식으로건 꿈은 우리를 사자의 장소로, 자유의 장소로 데려간다. 이러한 "자유의 필름"은 개인 수준에서 가능한 것이 무엇인지에 대해 우리를 인도할 뿐 아니라, 전체 사회를 해방시킬 수 있도록 우리를 도와준다.

해리엇 터브먼의 이야기는 아주 놀라운 예다. 바닷가에서 자라난 그녀는 어린 시절 감독관이 화를 내며 그녀에게 2파운드짜리 납덩이를 던진 바람에 이마를 심하게 다쳤다. 그 끔찍한 사건 이후 터브먼은 "제3의 눈"을 뜨게 된 것 같다. 그녀는 꿈과 환시를 통해 자신의 몸이 보통의 눈으로는 한 번도 본 적이 없었던 농장과 강 위를 훨훨 날아다니는 모습을 보았다. 꿈의 벗들이 자유를 찾아 도망치라고 북돋아주자, 그녀는 꿈속에서 본 풍경들을 이용하여 무사히 자유를 찾아갈 수 있었다. 그녀는 후에 또 다른 꿈에 고무되어 다른 노예들이 자유를 찾아 탈출하는 것을 도우려고 다시 남부로 되돌아갔고, 그녀의 꿈은 또 한 번 노예들이 무사히 달아날 길과 강여울, 안전한 집들을 세세히 인도해주었다. 그녀는 남북전쟁 전에 노예들의 탈출을 도운 비밀조직 언더그라운드 레일로드의 가장 유명한 안내자로서, 단 한 명도 발각되지 않고 300명의 노예를 무사히 탈출시켜 그들 모두에게 자유를 안겨주었다. 이는 그녀가 "자유의 필름"을 믿었고 그에 따라 행동했기 때문이었다.

변화의 패턴과 정치적 자유의 요건을 탐구한 프랑스의 위대한 역사학자 알렉시스 드 토크빌은 《미국의 민주주의》에서 이런 말을 했다.

"열정이 세상사의 행위를 떠맡기 시작하는 시대에는 경험과 상식의 인간이 무슨 생각을 하는지보다 꿈꾸는 자의 상상을 사로잡는 것이 무엇인지에 더 관심을 쏟아야 한다."

"꿈꾸는 자의 상상"에 대해 알려면 집단적 마음과 새로운 사건을 낳을 특정한 움직임, 그리고 지역사회의 군중심리에는 어떤 일이 일어나고 있는지를 지속적으로 살펴보아야 한다. 우리는 지도자들이나 세상의 혁신자들은 어떤 전망을 품고 있는지 알 필요가 있다. 그렇게 함으로써 우리도 우리 자신의 능동적인 꿈과 능동적인 상상을 이용하여 인류의 대의에 기여할 수 있기 때문이다.

2부

변화를 부르는
마음의 법칙,

몸의 감각을 만족하게 해주는 그 모든 것을
나는 상징에 불과하다고 생각한다.
갓난아기의 마음으로 보면 거대한 알파벳 하나.
어린아이의 다치지 않은 눈으로 보면
그림자를 보면서도 본질을 깨우칠 수 있지만
우리는 비천한 세상에 살면서 밝은 현실에 등을 돌리고 있다.

―새뮤얼 테일러 콜리지, "국가의 운명" 중에서

우연은 우연히 일어나는 걸까?

우연이 마구잡이로 일어나는 것처럼 보이지만 사실 우연의 작용은 일정한 법칙을 따르며, 그 법칙을 배움으로써 우리는 인생이라는 게임에서 우리의 약점을 크게 개선할 수 있다.

분석심리학자 칼 융은 우연의 법칙을 잘 이해하고 생활에 충실히 활용해 성공적인 인생을 산 사람이다. 융의 동시성 이론에는 약점이 있을지 모르지만, 융의 **실제** 인생은 우연의 도움으로 어떻게 인생을 항해하는지, 그리고 내부적·외부적 경험의 그물을 짬으로써 어떻게 "절대적 지식"에 이르는 길을 열 수 있는지 보여주는 좋은 본보기다.

융은 호숫가에 조그마한 정원을 갖고 있었다. 그는 말년에 방문객이 찾아오면 그곳에서 대접하곤 했다. 벌들이 윙윙거리는 소리나, 배가 철썩거리며 물살을 가르는 소리, 바람이 내쉬는 한숨소리 등 그는 자신의 지각 범위에서 일어나는 온갖 자연현상을 방문객들과의 사이에 일어나는 모든 일들에 대한 논평으로 받아들였다.

뜻밖의 일을 기꺼이 신뢰하고 이를 행동의 안내자로 즉시 받아들였던 융의 태도는 헨리 피에르츠와의 만남에서 분명하게 드러난다. 피에르츠가 그곳을 방문한 것은 그 무렵 작고한 어느 과학자의 원고를 출판할 수 있도록 융을 설득할 목적에서였다. 융이 원고에 대한 권리를 갖고 있었지만, 책의 출판에는 반대하고 있었다. 대화는 길어졌다. 20분의 시간이 금세 지나갔다. 피에르츠는 융이 시계를 내려다보는 모습을 보고 이제 시간이 없다고 말하려는 것이 분명하다고 생각했다. 역시 융은 시계를 보며 인상을 찌푸렸다.

"언제 오셨지요?"

융이 물었다.

"약속대로 5시에 왔습니다."

융은 아까보다 인상을 더 많이 찌푸리며, 자신의 시계는 얼마 전에 수리한 것이므로 시간이 정확하게 맞을 것으로 생각했다. 하지만 융의 시계는 5시 5분을 가리키고 있었다. 피에르츠가 그보다 오래 머물렀음은 분명했다.

"당신 시계는 지금 몇 시인가요?"

"5시 35분입니다."

피에르츠가 말했다.

"당신이 맞고 내가 틀렸다면 다시 생각해봐야겠군."

융은 마음을 바꾸어 그 책의 출판을 허락했다. 융은 자신의 시계가 틀린 것과 자신의 판단이 틀린 것이 단지 우연이 아니라 어떤 필연으로 보았던 것이다. 이 책은 물론 출판 후 성공을 거두었다.

2

마음이 물질을 움직인다

뉴욕의 한 유적지에서 큐레이터로 일해 온 보니의 마지막 근무일이었다. 20년 넘게 즐거운 마음으로 일하던 직장을 관둔다는 것이 그녀에게는 일반 사람들이 경험하는 충격 이상으로 다가왔다. 그녀에게는 은퇴가 그 세월만큼 줄곧 머물러 왔던 큐레이터의 집에서 떠나야 한다는 사실을 의미했기 때문이다. 마지막 물건을 챙기고 있을 때 한 동료가 그녀에게 물었다.

"이렇게 오랜 세월을 보내셨으니, 기념으로 딱 한 가지만 가져갈 수 있다면 무얼 고르시겠어요?"

보니는 주저없이 대답했다.

"오, 그런 거라면 딱 한 가지가 있지요. 하지만 가져갈 수 없는 거랍니다.”

“뭔데 그러세요?”

“15년쯤 된 것 같은데, 이곳으로 한 여성 화가가 방문했어요. 앞뜰에 온갖 꽃들이 만발해서 더할 나위 없이 아름답고 화사하던 무렵이었지요. 그 순간을 그녀가 화폭에 담았답니다. 그림을 팔라고, 얼마든 지불할 테니 제발 팔라고 졸랐어요. 하지만 거절하더군요. 제일 아끼는 작품은 절대 팔지 않는다면서요.”

보니가 문 앞에서 이 이야기를 하고 있는데 한 여성이 차를 주차하고는 뭔가를 들고 그들 쪽으로 다가왔다.

“기억 못 하실 거예요.”

여자가 말했다.

“죄송하지만 누구신지…….”

보니가 말했다.

“마릴린이라고 해요. 15년 전에 이곳 정원을 그린 적이 있었어요. 그때 당신이 그 그림을 원하셨는데 제가 팔지 않겠다고 했었지요. 오늘 아침 4시에 잠에서 깨었는데, 문득 여기 다시 와서 그 그림을 드려야겠다는 생각이 들었어요.”

여자는 보니에게 그림을 건네주었다. 포장지를 뜯으니 보니가 방금 말한 그 그림이었다.

보니는 손에 증거물을 들고도 뉴잉글랜드에 사는 화가가 새벽같이 일어나 이곳까지 그 그림을 주러 왔다는 사실이 도무지 믿기지가 않았다. 그것도 그녀가 그 집을 영원히 떠나려 했던 바로 그 순간에. 그 화가가 지금은 뉴햄프셔 주를 떠나 보니가 관리해온 유적지에서 2시간 떨어진 거리로 이사 왔다는 이야기를 듣자 논리적으로 이해가 갔다.

그럼에도, 그것은 놀라운 사건임이 틀림없었다. 이 사실을 어떻게 설명해낼 수 있을까?

나는 이 일을, 우리가 이 순간 무엇을 하고 있는지 망각하고 있더라도 생각과 감정으로 타인에게 닿을 수 있음을 말해주는 한 예라고 믿는다.

《톰 소여의 모험》으로 널리 알려진 소설가 마크 트웨인은 이런 현상의 대가였다. 그는 이런 현상과 관련해 자신이 경험한 사적인 일이나 실험 결과들을 모아 재미있는 글을 쓴 뒤 "마음의 텔레그래피"라는 제목을 붙였다. 하지만 대중의 비웃음과 의심을 살 것이 두려워 그 글을 혼자서만 간직하고 있었다. 그 글이 발표된 것은 13년 뒤, 대중적 관심이 높아지고 과학적 연구가 트웨인의 발견을 따라잡기 시작했을 때였다. 그는 그제야 《하퍼스 매거진》에 그 글을 투고했다.

우연을 일으키는 정신과 물질의 상호작용 중 그가 즐겨 인용하는 현상은 "엇갈린 편지들"이다. 당신도 그 현상이 어떤 것인지 알 것이다. 당신이 누군가에게 편지를 쓴다(혹은 그들에 대해 생각한다). 몇 달 동안 연락이 없던 사람이다. 그런데 바로 그날, 혹은 며칠 안 되어 그 사람으로부터 편지나 전화를 받는다.

　　트웨인은 그런 일을 수시로 경험했다. 그가 누군가에게 편지를 써 보내면 거의 동시에 그 사람으로부터 편지를 받았던 것이다. 그는 이 현상을 비슷한 파장의 마음들이 멀리 있을 때 일어나는 소통의 결과라고 결론 내렸다. 가장 놀라웠던 일은 그가 대광맥에 관한 책을 구상했을 때 일어났다.

　　어느 오후 트웨인은 네바다 주의 은광맥에 관해 굉장한 책을 쓸 수 있을 거라는 강한 확신에 사로잡혔다. 트웨인은 그 일에는 신문사에서 함께 일했던 친구 "미스터 라이트"가 적격이라 생각했지만, 너무 흥분한 나머지 그 친구가 얼른 집필을 시작할 수 있도록 혼자서 서둘러 개요를 잡고 내용을 구상했다. 트웨인이 그 자료들을 친구에게 보내려고 준비하고 있는데 우편으로 소포 꾸러미 하나가 날아들었다. 트웨인은 그 꾸러미를 열어보기 전에 그 자리에 같이 있던 사람들에게 지금부터 자기가 "예언"을 할 거라고 말했다. 그 꾸러미 안에 오랜 친구 라이트의 편지와 대광맥에 관한 책의 초고가 들어 있을 거라는 예언이었다. 결과는 그의 말 그대로였다.

그 일이 있은 후 트웨인은 마음의 텔레그래피가 실제로 존재할 뿐 아니라, 3,000마일이나 떨어진 곳까지 책의 내용을 전송할 수 있을 정도로 강하다고 확신하게 되었다. 다행히 트웨인과 라이트는 좋은 친구 사이였고, 트웨인은 대광맥에 관한 책을 라이트가 써야 한다고 이미 마음을 굳힌 뒤였다. 그렇지 않았다면 두 권의 책과 표절 의혹이라는 결과를 낳았을지도 모른다.

마음은 서로 공명하며, 그렇게 함으로써 아이디어와 메시지는 서로 오간다. 트웨인은 단순히 줄이 진동하기를 기다릴 뿐 아니라 우리가 줄을 **퉁길** 수 있는지에 매우 관심이 많았다.

그런 경우에 해당하는 트웨인의 기록이 있다. 한 미국인이 유럽으로 긴 여행을 떠났다. 그는 샌프란시스코에 돌아간 아들에게 편지를 보냈지만, 수개월이 지나도 답장이 없어 몹시 애가 타는 중이었다. 트웨인은 그에게 전보를 치라고 권했다. 뻔한 소리로 들릴 수도 있었다. 하지만 뻔한 소리가 아니었다. 트웨인은 근심에 싸인 그에게 전보를 어디로 치는지는 중요하지 않다고 말했다.

"북경으로 보낸다 하더라도 상관없습니다."

중요한 것은 전보를 친다는 사실이었다. 그것은 우주에 보내는 일종의 신호였다. 트웨인은 그렇게만 하면 아들로부터 곧 소식이 올 거라고 장담했다.

아버지는 전보를 보냈고, 아들로부터 편지가 온 것은 바로 그 다음 날이었다. 몇 달 전에 슬로보트를 타고 샌프란시스코를 떠났는데 그동안 편지를 부칠 기회가 없었다는 것이 아들의 설명이었다. 아버지의 전보가 아들이 한참 전에 보냈을 편지를 유도한 것은 아니었지만, 그 일은 트웨인이 장담한 것처럼 **동시에** 일어났다.

트웨인은 그런 일들을 흔쾌히 "미신"이라 부르면서 자신의 생각을 더욱 발전시켰다. 그는 누군가로부터 소식을 듣고 싶을 때 그 사람 앞으로 편지를 쓴 뒤 그것을 찢어버리기로 했다. 그리고 그럴 때마다 예외 없이 편지를 받았다고 주장했다. 그것이 "미신"이라면 짜릿한 미신이며 가장 실용적인 미신일 것이다. 그리고 그 미신은 효과가 있었다.

마음은 타인의 마음에 가서 닿을 뿐 아니라 물질을 움직인다. "마음은 물질을 움직인다"는 2,000년도 더 전에 베르길리우스가《아이네이드》에서 한 말이다.

우연은 '물질을 움직이는 마음'의 또 다른 이름인 정신운동의 결과다. 의도된 것일 수도 있고, 의도되지 않은 것일 수도 있다. 나는 볼프강 파울리가 일부러 실험 장비를 폭발시키거나 파울리 효과라고 알려진 소란을 일으키지는 않았으리라고 확신한다. 그러나 그가 그 오명을 즐기게 된 이후로는 반쯤은 의식적으로 그런 장난을 쳤을 거라는 의심도 든다. 실제로 그는 코펜하겐의 닐스 보어 물리학 연구소 10주년 기념축제 때 오른 풍자극에서 메피스토펠레스 역할을 맡기도 했다.

　파울리의 일화를 하나 더 소개한다. 또 다른 유명한 기관인 취리히의 C. G. 융 연구소 개소식에 참석한 저명인사들은 파울리가 들어오기 무섭게 뚜렷한 이유도 없이 커다란 중국 꽃병이 와장창 깨지는 것을 보고 몹시 놀랐다. 꽃병은 산산조각 났고, 물이 쏟아지는 바람에 사람들은 피하기 급급했다. 한참 후에 파울리는 이 일의 상징적 의미를 따져보면서 몇 가지 가능한 연관성에 주목했다. 그가 융과 함께 "중국의" 주역을 연구하고 있었다는 점, 쏟아지는 물과 흘러넘치는 감정 간의 꿈 같은 관련성, 그리고 물이 쏟아지는 것을 뜻하는 "플러드flood"와 파울리가 그 무렵 연구하고 있던 한 연금술사의 이름 "플러드Fludd"의 발음이 같다는 사실이었다.

3

지금, 그와 만나 사랑하라

🌱 위험이 클수록 구원의 힘도 크다

호의적인 우연은 변화의 시기, 즉 영혼이 흔들리는 순간에 가장 신속하게 오는 것 같다. 이를테면 사랑에 빠질 때나, 새로 창의적인 일에 뛰어들 때, 혹은 출산이나 죽음이 임박했을 때처럼 우리의 감정이 격앙되는 순간에 말이다. 우연은 돌아다닐 때 증가한다. 그것은 육체적으로 돌아다니는 것을 의미하기도 하고, 영혼과 마음으로 돌아다니는 것을 의미하기도 한다.

연속적인 우연은 갈까 말까 망설이던 길에 대해 강한 확신을 준다. 미처 깨닫지 못하고 있던 길을 새롭게 열어주기도 한다.

연속적인 우연은 마음속 깊이 자리한 직관이 통념이나 논리와 부딪쳤을 때 합리적인 설명이 불가능하더라도 직관을 따를 용기를 불어넣어 준다. 이런 신호들은 우리는 혼자가 아님을, 우리에게는 우리를 도와주는 숨은 손길이 있음을, 온 세계가 반대로 가는 것 같아도 우리는 올바른 길로 가고 있음을 우리에게 일깨워준다.

사랑은 우연을 자극한다. 강한 열정이 밖으로 뿜어져 나온다면 엄청난 힘이 발휘되어 우리의 환경을 바꾸어놓을 수 있을 것이다!

위험은 우연을 자극한다. 독일의 서정시인 횔덜린은 이런 시를 썼다.

"위험이 클수록 구원의 힘도 크다."

모험이나 위험 또한 일어날 것 같지 않던 사건들을 잇달아 일어나게 하며, 그럴 때마다 우리는 보이지 않는 힘이 우리의 삶 속에 개입하고 있다는 사실을 확실히 깨닫게 된다.

하지만 우리가 변화를 거부하고 에고ego에 의한 일만 하겠다고 고집을 부린다면, 부정적 동시성과 역류만 증가할 것이다.

이를 시험해보는 가장 간단한 방법은 우연과 데이트를 즐기는 것이다. 기차에서, 버스에서, 자동차에서, 아니면 오랫동안 우연의 비옥한 토양이 되어주었던 시장을 돌아다니면서 어떤 일이 일어나는지 관심 있게 지켜보자.

시장에서 신탁을 받다

그리스인들은 시장이 세상으로부터의 메시지를 받기에 아주 좋은 장소라고 여겼다. 펠로폰네소스 반도의 파라이에는 고대 그리스인들 사이에 신탁소로 유명한 장소가 있었는데, 그곳 역시 성벽으로 둘러쳐진 시장 안에 있었다. 시장의 중심부에는 신과 인간 사이의 전령 역할을 했던 헤르메스 상이 세워져 있었다.

신탁을 구하는 일은 아주 간단하다. 성문을 통과해 시장 안으로 들어가 행상들이 장삿짐을 부리는 노점구역으로 들어간다. 신탁을 구할 질문을 가슴에 품은 채 헤르메스 상 가까이 다가가 귀에 대고 그 질문을 속삭인다. 그런 다음 당신의 귀를 귀마개나 손으로 가린다. 성문으로 되돌아갈 때까지 외부의 소리를 차단하기 위해서다. 성문에 도착하는 순간 귀마개를 빼거나 손을 뗀다. 당신이 듣는 첫 소리가 바로 신탁의 답변이다. 대화의 한 토막일 수도 있고, 새가 지저귀는 소리, 짐을 잔뜩 실은 마차가 삐거덕거리는 소리일 수도 있다. 목적을 명확히 규정했다면, 그리고 메시지를 듣겠다는 마음만 확실하다면 신이 일상의 소리를 통해 당신에게 직접 말을 건넬 것이다.

우리 동네에서 파라이의 신탁을 되살려볼 수도 있다. 당신이 좋아하는, 혹은 한 번도 안 가본 슈퍼마켓에 가라. 가서 5분만 투자하라. 가슴에 질문을 품은 채 세상이 당신에게 무슨 말을 하는지 들어보라.

두 배로 강한 이중자석

열정을 공유하고 공통의 관심사를 가진 누군가와 함께 여행하면 우연의 경험을 배가시킬 수 있다. 두 사람이 이중자석이 되어 혼자일 때보다 더 강력한 인력 광선을 쏘는 것과 같다.

초현실주의 시인이자 선동가였던 앙드레 브레통은 그의 탁월한 회고록《미친 사랑》에서 이 배가 현상을 설명하면서, 조각가 친구 알베르토 자코메티와 함께 파리의 벼룩시장을 돌아다니던 경험을 이야기했다. 자코메티는 당시 작업중이던 여인의 얼굴을 어떻게 처리할지가 고민이었는데, 그곳에서 그 고민을 해결해줄 특이한 모양의 가면을 발견했다. 브레통은 좀 색다른 생각을 하고 있었다. 자신이 쓸 재떨이를 하이힐 모양으로 만들겠다는 생각이었다. 그런데 마침 벼룩시장에서 희한하게 생긴 나무 숟가락을 발견했고, 당장 그것을 구입했다. 그 숟가락은 손잡이를 하이힐에 올려놓는 식으로 되어 있었다.

브레통은 그 일에 대해 이렇게 말했다.

"서로 붙어서 걸어가는 두 사람은 단일한 영향력을 행사하는, **장전된** 한몸이라고 말하고 싶다."

그는 이 현상을 "갑작스런 대기 압축이 전에는 존재하지 않던 전도체를 생성하여 번개를 일으키는 현상"에 비교했다.

그들의 경우처럼 좋게 풀릴 수도 있지만 언제나 조심할 필요가 있다. 누군가와 함께 돌아다니는 것, 혹은 단체로 돌아다니는 것은 주변의 상징과 기호에 대한 당신의 감수성을 닫아버릴지도 모르고, 심지어 쫓아버릴지도 모르기 때문이다. 왜 그럴까? 우리는 종종 서로의 고착된 태도나 현실을 바라보는 관점을 더욱 강화시켜주는 경향이 있기 때문이다. 우연을 증가시켜주는 우정을 발전시키려면 두 사람이 함께 돌아다닐 필요가 있다. 물론 물리적인 의미에서만은 아니다.

4

그녀는 어떻게 암을 이겨냈을까?

마크 트웨인은 역사는 그 자체로 반복되지 않으며 운율을 맞추어 흘러간다고 했다.

물론 한 개인의 역사에도 해당하는 말이다. 때로 인생이 운율을 맞춘다는 사실을 깨닫게 하는 것은 다음과 같은 소소한 이야기들이다. 운율에 관한 다음 에피소드를 생각해보자.

신디에게 새로 남자친구가 생겼다. 1년간은 아무도 만나지 않았는데 드디어 자신을 채워주고 완성해줄 남자친구가 생긴 것이다. 전율이 느껴질 정도였다. 회사 엘리베이터를 타서도 그 생각에 빠져 있었다. 그 사람에게 작별 키스를 할 때 바보같이 "당신은 정말 핫도그예요"라고 말한 것이 생각나서 혼자서

멋쩍은 미소를 짓고 있던 참이었다.

엘리베이터 문이 열리더니 프로모션 행사를 위해 위아래로 핫도그 차림을 한 세 남자가 들어왔다. 엘리베이터가 올라가자 그들 중 자이언트 프랑크푸르트 소시지가 신디에게 윙크를 한 뒤 이렇게 말했다.

"혹 배가 고프시면, 저 시간 있습니다."

내가 직접 경험한 일을 이야기해보겠다.

친구 완다 버크와 함께 웨스트코스트로 가는 비행기를 타고 있었다. 완다가 액티브 드리밍Active Dreaming을 통해 유방암을 극복한 과정을 기록한 《꿈꾸는 여자》를 출간한 직후였다. 나는 비행기에서 완다에게 검은 개가 내 인생과 내 꿈에서 얼마나 중요한 역할을 해왔는지, 또 검은 개가 신화에서 왜 종종 문지기나 안내자의 모습으로 나타나는지를 이야기했다.

시카고의 오헤어 공항에 내리자마자 완다가 말했다.

"검은 개가 타고 있었네."

뒤를 돌아보자 커다란 검은색 푸들 한 마리와 멋진 금발 여성이 비행기에서 내리고 있었다. 멈춰 서서 말을 걸고 싶었지만, 환승할 비행기를 타러 가야 했기에 시간이 촉박했다.

탑승구에 줄을 서서 기다리는데 완다가 또 말했다.

"아까 그 개가 또 나타났어."

이번에는 그녀에게 말을 붙여보려고 걸어가는데 내 이름을 부르는 소리가 들렸다. 탑승수속 데스크에 가자 항공사 직원이 "개가 옆자리에 있어도 괜찮으시겠어요?"라고 물어보았다. 나는 흔쾌히 괜찮다고 대답했다.

비행기를 탄 뒤 나는 푸들의 주인과 자리를 바꿔 그 개가 좀 더 편히 있을 수 있도록 해주었다. 내 양옆에는 이제 완다와 검은 개의 주인이 앉았다. 알고 보니 개의 주인은 유방암 환자를 치료하는 전문의였다. 그 의사는 원래 완다가 사는 모호크밸리 출신인데 한동안 팔로알토에서 살았다고 했다.

두 사람을 서로 소개해주자 그녀는 완다가 자가진단과 치료를 위해 꿈을 활용하는 것에 큰 관심을 보이면서 의사들이 그녀의 꿈 이야기를 기꺼이 들어주었는지 궁금해했다. 완다는 자신의 책에 등장하는 의사 중 "바트"라는 의사를 칭찬하면서, 그가 자신의 꿈 이야기에 적극적인 관심을 보여주었다고 말했다.

"닥터 바트?"

그녀는 믿기지 않는다는 표정으로 말했다.

"그 사람이 지난주에 나한테 전화했어요. 모호크밸리로 돌아와 자기 병원을 맡아달라고 말이에요."

다음 이야기는 완다와의 경험 바로 그 다음 날 일어난 일이다. 무대는 시애틀. 검은 개가 다시 등장한다. 상어 지느러미와 더불어.

생방송 인터뷰를 위해 나는 친구들과 함께 시애틀 시내에 있는 폭스 TV 방송국으로 가고 있었다. 몇 분 정도 여유가 있었으므로 차를 세우고 도로를 건너가 커피를 마시기로 했다. 길을 건너 돌아오려는데 교통량이 많아져서 도무지 틈이 나지 않았다. 방송에 늦지 않을까 걱정되기 시작했다. 그때 희한하게 생긴 자동차의 운전사가 도로 한복판에 차를 세우더니 우리에게 건너가라며 손짓을 했다. 정말 굉장한 차였다. 푸른색과 녹색이 포효하는 파도 모양으로 칠해져 있었고, 지붕에는 커다란 상어 지느러미가 있었다.

나는 혹시 이것이 아침 라디오 방송의 주제가 되는 건 아닐까 생각했다. 상어에 대해 내가 아는 한 가지는 상어는 암에 걸리지 않는다는 사실이었다. 나는 암 환자들을 대상으로 암세포를 잡아먹는 상어의 치유 이미지를 전이시키는 일을 해오고 있었는데, 그것은 때로 큰 성과가 있었다.

스튜디오에 앉아 기다리면서 텔레비전 화면에 시선을 돌리

자, 기묘한 상황이 잇달아 전개되면서 수백만 달러를 상속받게 된 검은 개 이야기가 흘러나왔다. 나는 그 전날 비행기에서 경험한 운율의 테마에 주목했다.

인터뷰가 시작되자 앵커우먼은 나에게 자신의 꿈 이야기를 들려주었다. 꿈속에서 그녀는 카리브 해를 날고 있었고, 바다를 내려다보니 상어의 등지느러미가 소용돌이치고 있었다고 했다.

어떤 기분이 들었느냐고 묻자 그녀는 무척 행복했다고 대답했다. 나는 그것이 내 꿈이라면, 상어는 암에 걸리지 않으므로, 내가 아는 누군가의 암이 낫는 징조로 받아들이겠다고 말했다. 그녀는 방금 자신의 어머니로부터 암이 호전되고 있다는 소식을 들었다며 입을 다물지 못했다. 그녀는 카리브 해에서 휴가를 보내는 중에 그 꿈을 꾸었다는 말을 덧붙이면서, 또한 그때가 자신의 어머니가 암에 걸렸다는 사실을 처음으로 알게 된 때였다고 말했다. 일순 방송실에는 침묵이 흘렀다.

5

꿈에서 찾아낸 우연의 심리학

꿈의 수수께끼를 풀려면

자연은 살아 있는 열주들의 사원
때로 수수께끼 같은 메시지를 전달한다.
인간은 친밀한 시선으로 자신을 쳐다보는
상징의 숲으로 들어간다.

―보들레르의 『악의 꽃』 중에서

우리의 지각 범위에 들어오는 모든 것은 크건 작건 간에 **어떤** 의미가 있다. 우리가 헤드폰을 벗고 다른 소리에 귀를 기울이면 온갖 만물이 우리에게 말을 건넨다. 모든 것이 우리와 조응한다.

우리가 마음을 열고 우리를 지켜보며 기다리는 온갖 의미에 우리를 **내준다면**, 우리는 상징의 숲을 더욱 잘 여행할 수 있을 것이다. 즉 수수께끼 같은 메시지를 알아차릴 수 있다. 그렇다면 그런 "수수께끼 메시지"를 읽는 법은 어떻게 배울 수 있을까? 답은 연습을 통해서다. 이와 관련해서 내가 적극적으로 추천하는 연습법은 두 가지다. 첫 번째는 날마다 일어나는 일을 꿈의 상징으로 바라보는 것이다. 두 번째는 일단 시험해본 뒤에 표지판으로 이용할 수 있는 개인적 표지들을 개발하는 것이다.

모든 일을 꿈의 상징으로 바라보라

우리는 꿈을 좀 더 직설적으로, 깨어 있는 삶의 사건을 좀 더 상징적으로 바라볼 필요가 있다.

우리가 만약 집이나 자동차 꿈을 꾼다면, 꿈의 분석가는 흔히 그 집이나 차에 일어나는 일을 우리의 영혼이나 몸에 일어나는 뭔가로, 혹은 막혀 있는 뭔가로 유추해보라고 할 것이다.

예를 들어 난로에 문제가 있으면 심장에 문제가 생기지 않았는지 확인하는 것이 좋다.

나는 꿈을 탐구할 때 이 접근법이 매우 유용하다는 사실을 알게 되었다. 물론 꿈의 집은 실제 집을 가리킬 수도 있고, 전혀 다른 현실 속의 집을 가리킬 수도 있다. 그러나 실제 집이나 차의 상태를 상징적인 방식으로 생각하는 것은 훨씬 재미있는 일이다.

회사에서 과로에 시달리던 한 남자는 한 주 동안 타이어가 펑크 나는 일을 세 번 겪었다. 세 번째가 되자 '타이어'의 상징성을 알 것 같았다. "타이어"에 문제가 있다는 것은 지나치게 피로하다tired는 뜻과 연관이 있었기 때문이다. 그 사실을 깨닫자 그는 자신의 호흡이 점점 가빠진다는 사실에 주목했다. 그는 속도를 조절하여 자신을 "피곤하게 만드는tiring" 상황에 마음을 편히 갖기로 했다.

10년 동안 글을 쓰고 생활하던 집을 막 팔았을 때의 일이다. 변호사 사무실에 갈 채비를 하면서 나는 넥타이를 찾았다. 하지만 새로 이사 간 집의 옷장에는 넥타이라고는 실오라기 하나 보이지 않았다. 그 순간, 이사할 때 물건들을 빠짐없이 챙겨 나왔고 행여 빠진 것은 없나 재차 확인했지만, 옛날 집의 침실문에 넥타이를 걸어놓은 채 그냥 나온 것이 틀림없다는 생각이 들었다.

나는 변호사 사무실에 가는 길에 옛날 집에 들러 넥타이를 가져왔다. 여기서도 꿈같은 상징성을 찾아보는 일이 어렵지 않다. 집을 판다고 해서(혹은 이혼을 하거나 직장을 그만둔다고 해서) 묶은 매듭tie이 자동으로 끊어지는 것은 아니다. 육체는 벗어나더라도, 과거의 상황에 정신적으로 "묶여" 있는 경우가 많은 것이다.

세상과 은밀히 악수하는 법

상징의 숲 속으로 들어갈 때만이 평소에는 보이지 않던 표지들이 끊임없이 길 앞에 나타날 수 있다. 이 표지들은 오늘은 멋진 날이 될 거라고 말해줄지도 모르고, 우리가 올바른 길로 가고 있다고, 혹은 뭔가 굉장한 일이 일어날 거라고 말해줄지도 모른다. 아니면 위험 경고인지도 모르며 때문에 다시 침대로 돌아가 이불을 뒤집어쓰는 일이 최선이라고 말해줄지도 모른다.

물론 이 표지들은 세상이 건네는 은밀한 악수다. 우리는 알

맞게 힘을 주어 올바른 동작으로 그 손을 잡는 연습을 해야 한다. 다시 말해 자기 자신의 개인적 표지들을 인식하고 그것을 시험해보아야 한다.

아프리카 북부 자이르 숲 속의 한 부족은 여행을 매우 위험한 것으로 여긴다. 정글에는 약탈자들—짐승보다 더 나쁜 인간—이 있으며, 산사태도, 홍수도, 망가진 밧줄다리도 있다. 이 종족은 특정한 날 여행을 떠나는 것이 안전하고 현명한 일인지 아닌지를 알려주는 표지들을 항상 찾고 있다. 그들은 무엇보다 그들 자신의 몸에서 드러나는 무의식적인 표지를 유심히 관찰한다. 발가락을 찧으면 오른발이냐 왼발이냐에 따라 좋고 나쁨이 달라진다. 재채기를 하면 콧바람이 행운의 콧구멍에서 나오느냐 불운의 콧구멍에서 나오느냐에 따라 좋은 표지가 되기도 하고 나쁜 표지가 되기도 한다. 어느 쪽이 어느 쪽인가? 이 숲 속 부족의 가르침에는 그것을 말해주는 내용이 전혀 없다. 그것을 알아내는 방법은 오로지 시행착오뿐이다. 왼쪽 엄지발가락을 부딪쳤을 때 여행이 어떤 식으로 진행되는지 관찰한다. 다음 마을까지 무사히 도착했다면 효과가 있었다는 말이고, 집으로 돌아갈 때까지 약탈당하지 않았다면 왼쪽 엄지발가락은 행운의 발가락이 된다. 하지만 확실히 해두려면 여러 번 시험해볼 필요가 있다. 그 사실을 확인하려면 몇 번이고 발가락을 찧는 것을 두려워하지 말아야 한다. 그리고 남은 하루나 여행 전체를 통해 그 결과를 확인하는 것이다.

미신이라고? 그럴지도 모른다. 하지만 설사 미신이라고 해도 이 미신은 개인적이고 실용적이다.

매순간이 배움의 기회다

세상은 상징의 책이라는 것을 이해하게 되면 매순간이 배움의 기회라는 사실을 깨닫게 될 것이다. 어떤 상황에 처해 있다 하더라도 마찬가지다.

내가 이 테마를 집중적으로 연구하고 있을 때 금방이라도 무너져내릴 것처럼 높이 쌓아 올려져 있던 책 무더기에서 한 권이 툭 굴러 떨어졌다. 도서관 천사가 한 일인지도 모른다고 생각하면서 그 책을 집어들었다. 페르시아 경계 지방에 사는 중세의 군주이자 철학자가 자신의 아들을 위해 저술한 《군주를 위한 거울》이라는 책이었다.

우리의 테마에 직접적인 관련이 있는, 세상의 상징들을 읽어낼 모든 기회를 붙잡는다는 생각을 비롯하여 그 책에서 발견한 통찰들은 정말 놀라웠다. 카이 카우스는 아들에게 이런 충고를 했다.

"배움에 특정한 시간을 지정해서는 안 된다. 언제든지, 어떤 상황이든, 뭔가를 배우지 않고는 한순간도 흘려보내서는 안 된다."

6

두려움보다 더 큰 적은 없다

🌸 문은 어디에나 열려 있다

대단한 성공을 거둔 ABC TV의 연속극 〈위기의 주부들〉의
탄생 배경은 한 문이 닫혀 있으면 또 다른 문이 열린다는 사실
을 일깨워주는 아주 좋은 예다.

일거리가 없던 대본작가 마크 체리는 어머니의 집에서 뉴스
를 보고 있었다. 안드레아 예이츠라는 여자가 자식들을 욕조에
넣어 익사시켰다는 보도가 흘러나오고 있었다. 그는 어머니를
돌아보며 끔찍하다는 표정을 지었다.

"자식들에게 저런 짓을 할 만큼 자포자기할 수 있을까요?"

어머니는 입에 물었던 담배를 빼며 말했다.

"나도 저만큼 심각했던 적이 있었단다."

대본을 완성하기도 전에 제목은 이미 정해졌다.

체리는 대본을 완성한 후 자신의 대리인에게 보냈다. 대리인은 그 대본을 몇몇 방송국에 보여주었지만 전부 거절당했다고 했다. 얼마 후 대리인은 체리를 위시한 많은 작가의 돈을 횡령한 혐의로 고소당했다. 체리는 몹시 실망했지만 어쩔 수 없이 새로운 에이전트를 찾아야 했다. 새로운 에이전트는 체리의 대본을 "다크 코미디의 가능성이 엿보이는 드라마"로 평가했다. 그리고 그 대본을 즉시 팔아치웠다. 그 대본으로 체리는 스타 작가가 됐고, 엄청난 돈을 벌었다.

실패가 나를 강하게 만든다

우리가 자신을 안쓰럽게 여기거나 잘못된 일에 성질을 부리느라 시간을 너무 많이 허비하지 않는다면 실패에서도 기회를 발견할 수 있다. 물론 아주 소중한 뭔가를 잃어버렸다면, 파산이 눈앞에 닥쳤다면, 심각한 질병을 앓고 있다면 이런 기회를 파악하기 쉽지는 않을 것이다. 살면서 몹시 어두운 순간을 만나면 나는 다음 문장들을 떠올려본다.

나를 죽이지 않는 것은 나를 강하게 만든다.
버터를 녹이는 불이 강철을 단련한다.

두 문장 모두 니체의 것이다. 몸속에 반항심이나 위축감 같은 것 없이 이 문장들을 말할 수 있다면 나를 기다리는 기회를 찾아 나설 준비가 되어 있는 것이며, 과거의 실패나 절망감에서 벗어나 새로운 지평으로 관심을 돌릴 준비가 되어 있는 것이다.

그럴 때면 이따금 나를 가로막거나 물러서게 만드는 힘이 사람의 것처럼 느껴진다. 나는 그 힘을 문지기라고 생각한다. 문지기는 인생의 길과 인생의 문을 여닫는 일에 적극적으로 관여한다.

우리가 문지기와 의식적인 관계를 맺으면 올바른 입구를 발견하는 일이 더 쉬워진다. 그 길이 막혀 있는 것 같을 때는 더욱 그렇다.

한번은 상업적 프로젝트를 진행하면서 제풀에 지쳐가던 시기가 있었다. 꿈쩍도 하지 않는 문에 자꾸만 몸을 부딪치는 기분이었다.

편안한 의자에 주저앉아 잠시 낮잠을 청했는데, 꿈속에서 나는 나를 보았다. 문을 부수려고 기를 쓰는 내 모습이 보였던 것이다. 문에는 쇠붙이가 박혀 있었고, 주먹은 문을 두드리느라 벌겋게 부어올라 있었다.

그 순간 온몸에 전율이 흘렀다. 갑자기 불빛 아래 드러난 진실에 소름이 돋았다. 그러자 다른 방향이 보였다. 아주 가까운 곳에 아치 길이 펼쳐져 있었다. 그 너머에 아름다운 정원과 지상의 온갖 기쁨들이 보였다. 우아하지만 어딘지 요술사 같은 낯익은 모습이 아치 길에 서서 손짓으로 나를 부르고 있었다. 나는 그의 굽은 손가락 쪽으로 걸어가 아치 길을 통과해 기쁨의 정원으로 들어갔다. 내가 목격자라는 사실도 잊은 채, 당장에라도 즐겁게 지낼 마음의 준비가 되어 있었다.

그러나 더 큰 그림을 볼 필요가 있었다. 지금 무슨 일이 일어나고 있는지 파악해야겠다는 생각에 나는 뒤를 돌아보았다. 두 가지 사실이 보였다. 판타지 속의 문지기는 한 손으로는 나를 손짓해 부르면서 다른 손으로는 내 등 뒤쪽으로 닫혀 있는 그 문을 붙잡고 있었다. 내가 어떤 일이 있어도 꼭 들어가야 한다고 생각했던 그 문 안쪽은 감옥 같은 구속의 장소였다.

그 꿈을 꾼 후 나는 그때까지 매달려 있던 상업적 프로젝트를 포기했으며, 위험 부담은 있지만 내가 하고 싶던 창의적인 일에 온힘을 쏟아 붓기로 했다. 결과적으로는 생계도 해결되었고, 그 이상의 성과도 얻었다.

또한 나는 우리가 살면서 장애나 좌절에 부닥칠 때 문지기가 뒤엉킨 실수들로부터 우리를 구원해주며, 문제를 더 긴 안목으로 바라볼 수 있게 해주고, 방향을 바꾸어 더 나은 길을 보여준다는 사실을 믿게 되었다.

7

기회는 준비된 사람의 몫

 길을 잃어 정말 다행이군요

알렉산드리아의 아피아누스는 로마제국의 전성기에 이름을 날렸던 역사가다. 그는 그리스어로 글을 썼으나 로마 시민이었으며, 지배계급의 일원이었다.

따라서 트라야누스 황제 시대에 로마의 지배를 받던 이집트에서 과격한 반란이 일어났을 때 아피아누스 또한 반란자들―새로 메시아가 왔다고 믿었던 유대인들―의 표적인물 중 한 명이 되고 말았다. 그는 한 아랍인의 안내로 나일 강 삼각주의 늪지대를 통과해 어느 나일 강 지류에서 그를 기다리고 있을 배

2부 | 똬리를 부르는 마음의 빛깔, 우연

를 타고 달아날 생각이었다. 무사히 달아날 수 있도록 펠루시 움 항구에 미리 배까지 대기시켜 놓은 상태였다.

아피아누스와 아랍인 안내자는 밤새도록 늪지대를 통과했다. 새벽녘에 까마귀 한 마리가 까악 울자 아랍인 안내자가 말했다.

"길을 잃었군요."

까마귀가 다시 한 번 까악 울자 아랍인은 더욱 침통한 표정으로 말했다.

"길을 완전히 잃었군요."

아피아누스는 이제 목숨이 위태로워졌으며 추격자들이 바로 뒤까지 쫓아왔을 거라는 생각에 절망에 빠지고 말았다.

그때 까마귀가 세 번째로 울었다. 아랍인의 표정이 밝아졌다.

"길을 잃은 것이 정말 다행이로군요. 바로 앞에 지름길이 있습니다."

아피아누스는 이 말을 이해할 수 없었겠지만, 까마귀의 말을 알아듣는 안내자와 함께 있었다는 것은 정말로 다행스러운 일이었다. 여러 문화에서 까마귀는 전령으로 여겨지며, 까마귀의 행동은 세밀히 관찰된다.

아랍인은 씩씩하게 길을 안내했고, 그들은 곧 나일 강 지류에 다다랐다. 갤리선 한 척이 돛을 부풀린 채 떠날 준비를 하고 있었다. 그러나 사실 그곳은 그가 애당초 목적한 장소도 아니었고, 갤리선은 아피아누스가 미리 준비시켜 놓은 그 배도 아니었다.

"어디로 갑니까?"

아피아누스가 선장에게 물었다.

"펠루시움으로 갑니다."

선장이 대답했다.

아피아누스는 그 배를 탔고, 무사히 펠루시움에 도착할 수 있었다. 그는 자신이 목숨을 구할 수 있었던 것은 길을 잃은 이유도 있지만 "엉뚱한" 배를 탔기 때문이라고 쓰고 있다. 원래 그를 펠루시움에 데려다 주기로 되어 있었던 배는 반란자들의 공격을 받아 선객과 선원들 모두 포로로 붙잡히거나 죽임을 당했다고 한다.

이처럼 이따금 올바른 길을 찾으려면 길을 잃어야 할지도 모른다.

지도 밖에서 지도를 발견하다

18세기 영국 작가 호레이스 월폴은 페르시아 이야기 한 편을 읽은 뒤에 '뜻밖의 보물을 발견하는 행운serendipity'이라는 단어를 영어에 들여왔다. 여행을 떠난 왕자들이 "우연과 지혜에 힘입어 그들이 찾아 나서지 않았던 뭔가를 계속해서 발견한다"는 내용이다. 따라서 월폴이 사용한 세렌디피티라는 단어는 "우연한 지혜"의 결과를 말한다.

신드바드는 여섯 번째 항해에서 완전히 길을 잃고 무시무시한 폭풍에 휩쓸려 낯선 해안으로 떠밀려 갔다. 그곳은 믿기지 않을 만큼 아름답고 풍요로움이 가득한 세렌딥이라는 멋진 섬이었다. 세렌디피티라는 영어 단어는 그 마법의 섬에서 파생된 것이다. 이 이야기에서 알 수 있듯이 우리는 길을 잃을 때만 그 땅을 발견할 수 있다.

이런 에피소드들은 옛날부터 세계를 탐사한 이야기들에 아주 많이 나온다. 북아메리카에 처음으로 발을 디딘 유럽인으로 알려진 레이프 에릭슨도 폭풍을 피하려다 그곳에 도착했다. 크리스토퍼 콜럼버스는 다른 곳, 그러니까 인디아로 가는 신항로를 개척하려다가 신대륙을 발견한 것으로 유명하다.

과학과 발명에서 본 "우연한 지혜"

  뜻밖의 보물을 발견하는 행운은 탐험이나 성공적인 군사명령, 혹은 창업에서 그런 것처럼 과학적 발견과 발명에 있어서도 주요한 요소다. 알프레트 노벨은 콜로디온과 나이트로글리세린을 혼합하다가 우연히 젤리그나이트—그가 발명한 다이너마이트보다 더 안정적인 폭발물—를 만들어냈다. 스위스의 화학자 알베르트 호프만은 실험실에서 우연히 어떤 물질을 흡입하다가 LSD(환각제)의 성질을 밝혀냈다.

  "우연한 지혜"가 선사한 발명과 발견 중에서 중요한, 혹은 잘 알려진 예를 몇 가지 더 들어보겠다.

  알렉산더 플레밍은 병원 건물에 떠다니던—특히 아래층 균류학자의 실험실에서 올라온—포자로부터 박테리아 배양균을 분리시키는 일을 소홀히 한 덕분에 페니실린을 발견할 수 있었다. 플레밍이 휴가를 갔다 돌아오자 박테리아가 페니실린 곰팡이 때문에 죽어 있었던 것이다. 그 이후 과학자의 안목으로 그는 특수 치료제를 개발할 수 있었다.

  인조섬유인 레이온은 파스퇴르의 조수였던 프랑스의 화학자 샤르도네에 의해 발견되었다. 그가 콜로디온 한 병을 엎질렀는

2부 | 변화를 부르는 마음의 빤짝, 우연

159

데, 그 액체가 증발하면서 점성물질로 전환되었고, 거기서 가느다란 섬유가 뽑아져 나온 것이다.

찰스 굿이어가 고무를 유황처리하는 방법을 알게 된 것은, 그가 우연히 어떤 혼합물을 뜨거운 접시에 놓았다가 단단한 고무로 바뀌는 것을 보았을 때였다. 그 고무로 자동차 타이어가 생산되었고, 그 일로 교통수단에서 자동차 혁명이 일어났다.

미국인이 가장 좋아하는 아침식사 시리얼의 비밀은 켈로그 형제가 하루 동안 삶은 밀을 방치해두었을 때 발견되었다. 그들은 그것을 굴려 덩어리로 만들 생각이었지만 의도와는 달리 조각들만 부슬부슬 떨어졌다.

포스트잇에 사용되는 접착제는 강한 접착제를 만들려다가 아주 약한 접착제를 만들고만 어느 과학자에 의해 우연히 발견되었다.

잉크젯 프린터의 비밀은 우연히 자신의 펜에 납땜한 뜨거운 철을 올려놓았다가 얼마 후 펜촉에서 잉크가 분출되는 것을 본 캐논의 한 엔지니어에 의해 발견되었다.

마지막으로 비아그라는 원래 고혈압과 협심증을 치료하는 약물로 시험된 것이다. 임상시험 결과 비아그라가 협심증에는 그다지 도움이 되지 않지만, 남자의 또 다른 증상에는 현저한 효과가 있음이 밝혀졌다.

그 같은 발명과 발견 뒤에는 "있을 법하지 않은 행운"을 뛰어넘는 뭔가가 관련되어 있음에 주목하자. 그러한 업적을 이루어낸 사람들은 "우연"에 "지혜"―기술, 경험, 실제적인 상상―를 보탤 수 있었고, 그렇게 함으로써 월폴이 "우연한 지혜"라고 일컬었던 것의 진정한 표본적 인물이 될 수 있었다. 다른 말로 표현하자면, 그들은 행운을 누릴 준비가 되어 있었던 것이다. 파스퇴르가 말한 것처럼 "기회는 준비된 마음을 선호한다."

중대한 단서를 제공하는 사건이나 실수는 다른 사람에게는 저주와 불평의 이유가 될 뿐이겠지만, 창의적이며 탐구적인 마인드를 가진 준비된 사람들은 그 명백한 실수에서 마법이 일어나는 것을 본다.

어쩌면 발명가와 창조자들이 적당한 사건을 **끌어당기는지도** 모른다. 창의적 천재에 대한 연구서《도가니의 불》에서 존 브릭스는 이렇게 말한다.

"창조자들은 기회를 얻으려고 적극적으로 노력하는 사람들이다. 그들은 다른 사람들이 사소한 것으로 넘겨버리거나 못보고 지나치는 일들을 통찰력 있게 바라볼 준비가 되어 있다. 창조자들을 창의적이 되게 하는 것은 바로 이 능력이다."

8

열망하라, 뜨겁게 열망하라

감정이 강해질수록 감정이 우리의 정신적, 물리적 환경에 미치는 영향력도 더 강해진다. 감정이 미치는 영향력은 우리가 애당초 이해할 수 있는 것보다 훨씬 클지도 모른다. 좋은 쪽으로든 나쁜 쪽으로든 감정은 여러 사건과 에너지를 집약하며, 그렇게 되면 우리 생활의 **전부**가 바뀔 테고 다른 사람들의 삶에도 영향력을 미칠 것이다.

한 사람에 대한 강한 생각이나 느낌이 그 사람의 몸과 마음에까지 닿아 영향을 미칠 수 있다는 사실을 우리는 이미 보아왔다. 그 사람이 그 같은 전파를 차단하는 방법을 알아낸 것이 아니라면 그가 실제로 얼마나 멀리 있는지는 상관없다. 이런 일에 대해 박식했던 위대한 프랑스 소설가 발자크는 "아이디어는 힘의 직접적인 결과에 의해 떠오르며, 아이디어가 잉태되는 것도 그 힘에 의해서다. 아이디어는 수학법칙에 의해 뇌가 그것을 보내는 곳 어디서든 솟아오르며, 그 법칙은 박격포로 포탄을 조준 발사하는 원칙에 비견할 만하다"라고 말했다.

이제 열정에 대해 이야기해보자.

열정은 광기를 불러올 수도 있다. 열정은 또한 가장 독창적인 일을 이루어낼 창의력과 특별한 기회와 뜻밖의 행운을 끌어당기는 자석의 힘을 준다.

"영혼의 열정은 마술을 일으킨다."

도미니코 수도회 수사이자 마법사였던 알베르투스 마그누스의 이 말은 아마도 이 책 전체에서 가장 **실용적인** 문장일 것이다.

이런 식으로 긍정적인 마법을 일어나게 하는 데는 두 가지 조건이 있다.

첫 번째 조건은 가장 강렬한 열정에서 솟구치는 원천적이고 박동하는 에너지를 **선택**하여 그것을 창의적인 목적으로 돌려야 한다는 것이다. 우리 내면에서 요동치는 열정은 사랑일 수도 있고, 욕망일 수도 있고, 혹은 사랑이자 욕망일 수도 있다.

출산에의 맹렬한 욕망일 수도 있고, 모든 것을 끝장내고 싶은 간절한 소망일 수도 있다. 광포한 분노일 수도 있고, 참담한 슬픔일 수도 있다. 그 근원이 무엇이었건 간에, 우리가 그 에너지의 방향을 스스로 선택한다면, 영혼의 가장 강렬한 열정에서 세상을 재창조하는 에너지가 생성될 것이다. 퍼붓는 폭우로 댐의 물이 범람했을 때 많은 양의 물이 엄청난 힘으로 쏟아져 나오는 장면을 상상해보라. 우리는 그 힘을 다스려 도시의 불을 밝히고 가정을 따스하게 해주는 수력전기로 전환하겠다고 선택할 수 있다. 아니면 물이 휩쓸고 지나갈 때 그 길목에 있는 모든 사람과 사물을 집어삼키게 함으로써 참사와 파괴를 부를 수도 있다.

영혼의 열정으로 마법을 일어나게 하는 두 번째 조건은 열정이 가장 강렬한 순간을, 우리가 그 순간의 힘에 따라 행동할 수 있는 그 순간을 붙잡아야 한다는 것이다. 시간은 언제나 **지금**이지만, 영혼의 열정이 작용하고 있을 때 시간은 또한 **가는** 것이다. 글 쓰는 사람으로서 나는 이 사실을 잘 알고 있다. 내 최고의 글은 종종 가장 격심한 혼란의 시기에, 열정은 강하지만 마음은 갈등에 빠져 있는 그런 순간에 탄생한다. 그런 순간이 강점이 된다. 가장 독창적인 글은 **지금** 이 순간을 통해 나를 찾아온다는 것을 나는 경험상 알고 있다. 그러려면 그 강점을 이용할 수 있어야 하고, 그 글이 **어떤** 순간에 나를 찾아오더라도 나 자신을 기꺼이 내어줄 수 있어야 한다. 이런 상황이 오면, 발자크처럼, 나는 하루에 15시간씩 글을 쓰고 커피만 들이켜며 잠은 24시간 중 두어 시간만 잔다. 기쁨이 온몸을 감싼다. 어떤 분야에 발을 담그고 있건 간에 그런 순간이 찾아왔을 때 최선을 다하면 모두 그런 기쁨을 느낄 수 있을 것이다.

　열정으로 충전된 마음의 행위에는 시간과 공간의 개념이 존재하지 않는다. "욕망한다는 것은 곧바로 욕망하는 곳에 가 있는 것이며, 그 즉시 욕망하는 것이 되어 있는 것이다." 시간은 그 순간에 의해 삼켜진다. 공간은 그 지점에 의해 흡수된다. "그런 상태에 있는 사람에게는 거리도, 물질적 사물도 존재하지 않는다. 혹은 우리 내면의 생명이 그것을 가로지른다."

　어떤 욕망이 이런 일들을 가능하게 하는가? "욕망은 외부적으로 성취되기 전에 우리의 의지로 온전히 성취될 수 있는 하나의 사실이다." 마법을 일으키는 열정은 "한 지점으로 모여든 의지"이므로 "인간은 자신의 온전한 생명력을 감당할 수 있다." 큰 욕망을 품은 사람은 특정한 "분위기," 혹은 소리나 빛처럼 파동으로 움직이며 다른 것에 가서 닿는 "자성의 액체"에

둘러싸여 있다. 그런 사람은 "감정의 전염"을 일으킨다. 이런 종류의 열정은 감각 능력을 확장시키므로 우리는 시공을 뛰어넘어 생생히 보고 듣고 느낄 수 있다.

그런 일들은 "공간의 법칙을 따르지 않는 공감"을 통해 일어나기 때문에, 우연은 그런 사람 주변에서 증가한다.

마음의 울림에 집중하라

9

 세상이 내게 보내는 메시지

12월에 있었던 일이다.

일이 생각대로 되지 않아 마음이 무거운 나는 어느 공원의 호수 주변을 걷고 있다. 옆으로는 크리스마스 눈사람들이 줄지어 늘어선 아름다운 집이 보인다. 햇빛이 초록빛 호수에 떨어져 반짝인다. 구불구불한 길을 따라 걷는데 호수를 에둘러 서 있는 나무들에 시(市)에서 표지판을 붙여놓은 것이 눈에 띈다. 경고성 내용이다.

건너지 마시오. 살얼음 주의.

표지판을 대여섯 번쯤 읽으니 지금 상황에는 맞지 않는다는 생각이 든다.

올 12월은 유난히 따뜻해서 호수는 아직 얼지 않았다. 공원 어디를 둘러봐도 쌓인 눈이나 얼음 같은 건 없다. 시기상조다.

불현듯 좀 더 짜릿한 생각이 떠오른다. **지금 내가 받은 것은 세상이 내게 보내는 메시지다.** 사실 그 메시지는 두 개다. 하나는 나에게 희망을 주는 메시지로, 이 상황이 얼었다고 단정하지 말라는 것. 다른 하나는 그 뜻 그대로 **살얼음을 주의**하라는 경고다.

살얼음이 꼭 호수의 살얼음만 의미하지는 않을 것이다.

로마인들은 세상이 우리에게 무언가를 일러주는 방식에 지대한 관심을 보였고, 그것은 지금 이 순간에도 누군가 쳐다봐주기를 기다리는 우리 주변의 자연현상이나 자잘한 일상의 사건들 또는 신호들을 통해 드러난다. 로마인들은 징조를 크게 두 가지로 나눈다. 하나는 주어지는 징조이고, 또 하나는 유도되는 징조이다. 살얼음을 주의하라는 메시지는 부르지도 않았는데 나타나는 세상이 주는 선물 같은 것이다.

공원 산책이 끝나갈 무렵 나는 벤치에 앉아 징조를 "유도"하기 위해 주역을 보기로 한다. 무시무시한 29번 건괘(蹇卦)가 나온다. 인간이 심연으로 떨어지는 형상이다. 물 위에 물이 있으니 인생에 엄청난 폭풍이 예견된다. 풀이는 이렇다.

"진실과 마음을 따름으로써만 극복할 수 있다."

괘에는 세 개의 효가 있다. 효는 중국식 신탁을 풀이하는 사람들이 "두 번째" 괘라 일컫는 것이다. 이번에는 총 64괘의 마지막인 64번이다. 미제(未濟), 아직 끝나지 않았다는 뜻이다. 해당하는 그림은 아직 완성되지 않은 건널목. 우리는 전체 순환 주기의 끝까지 왔지만, 모든 것은 여전히 작용하고 있다. 모든 끝은 시작이다. 이 괘가 주는 충고는 "살얼음 위의 늙은 여우처럼 움직이라."

이 일을 통해 나는 세상이 보내는 직접적인 메시지를 받았고, 또 다른 메시지도 유도해냈다. 이 또한 인생이 어떻게 운율을 맞추는지 보여주는 한 예라 하겠다.

🕰 직장을 옮겨야 할 때

세상의 대답을 "유도"하는 것에 대한 일화를 한 가지 더 소개한다.

실라는 내가 지도하는 초급 강의를 듣는 여성이다. 그녀는 꿈을 기억해내려다 중단해버렸다고 했다. 이유를 조심스럽게 물어보자, 그녀는 그 꿈이 생각하고 싶지 않은 불쾌한 뭔가를 말하기 때문일 것이라는 점을 인정했다. 직장을 잃을지도 모른다는 사실이었다.

나는 실라에게 도움이 필요하다고 생각되는 주제를 써보라고 했다. 그녀의 주제는 당연히, "직장을 잃게 되는가?"였다.

"그 질문을 가슴에 품은 채 당신의 지각 범위에서 특이한 일이나 뜻밖의 일이 생기면 그것을 우주가 당신에게 보내는 사적인 메시지로 생각하세요. 그 메시지에 질문에 대한 답이 담겨 있다고 말이지요."

일주일 뒤 나는 강의실에서 실라를 다시 만났다.

그녀는 무슨 일이 일어났는지 말하고 싶어 안달이 난 것 같았다.

"그날 저녁 빌딩에서 나오자마자 답변을 들었어요. 익숙한 지역이었는데도 일방 통행로를 서너 블록이나 거꾸로 가고 있었어요. 트럭 운전사가 하이 빔을 켜고 빵빵거릴 때까지도 까맣게 몰랐어요."

"그래서 메시지는……?"

"일방 통행로를 반대 방향에서 가고 있었어요. 그러니까 직장을 잃는다는 뜻이에요."

명확한 것은 좋다. 계획을 세우는 것은 더욱 좋다. 그녀는 직장에 대한 메시지를 받자마자 꿈의 가뭄도 해소되었다고 했다. 그녀는 워싱턴 D.C.에서 운송에 관한 콘퍼런스에 참석하는 꿈을 꾸었다. 꿈의 내용은 그녀가 말한 것처럼 "나는 일방 통행로를 거꾸로 가는 것 말고는 운송에 대해 아는 것이 하나도 없기" 때문에 고개를 갸웃하게 만들었지만, 그럼에도 그 꿈에는 뭔가 약속의 느낌이 있었다.

우리는 실라의 꿈으로 현실성 체크를 해보았다. 그녀의 깨어 있는 삶에서 그 꿈과 관련해 알 수 있는 것은 (1) 실라에게는 워싱턴 D.C.에 친한 친구가 있으며, (2) 실라의 직업적 능력은 콘퍼런스를 조직하는 것이라는 사실이었다.

앞으로 어떤 행동을 취할거냐고 물어보자 그녀는 이렇게 말했다.

"항공사 마일리지를 이용해서 워싱턴 D.C.로 가겠어요. 가서 친구와 지내면서 가능성들을 좀 탐색해보려고요."

한 달 뒤에 그녀는 다니던 직장을 그만두고 보수가 더 좋은 워싱턴 D.C.에 새 직장을 구했다. 예상했던 것처럼 6달 뒤에는 예전에 다니던 직장의 부서는 없어지고 말았다고 한다. 새 직장에서 그녀는 꿈에서 보았던 운송 관련 콘퍼런스는 물론이고 그 밖의 다양한 콘퍼런스를 조직하는 일을 주로 한다.

세상에 당신의 질문을 던지라

이 게임을 하려면 먼저 목적을 명확히 해둘 필요가 있다. 다음 문장을 완성하면 목적을 명확히 하는 일이 훨씬 수월해질 것이다.

"나는 _____에 대한 도움이 필요하다."

빈칸에 들어갈 말은 당신에게 정말로 중요한 것이어야 한다. 당신의 목적이 정신적으로 중요한 것인지, 지축을 흔들 만큼 대단한 것인지는 걱정할 필요가 없다. 얼른 떠올려라. 진짜여야 한다. 마음과 본능을 따르자.

어서 생각하라. 당신에게 **정말로** 도움이나 인도가 필요한 것은 무엇인가?

사랑이나 돈이라면 그렇다고 말하라. 데이트에 입고 나갈 옷이 고민이라면 그것도 좋고, 전화를 걸어 데이트 신청을 할지 말지가 고민이라면 그것도 좋다. 하지만 **큰** 주제를 말하는 것에 대해서도 두려워 말라. 처음 떠오르는 고민이 "나는 인생의 목표에 대한 인도가 필요하다"라면 주저없이 그것으로 하자.

목적을 말했다면 당신의 지각 범위에서 일어나는 놀라운 일이나 색다른 일이 세상이 당신에게 보내는 직접적인 메시지라고 생각한다. 실라의 경우처럼 그 메시지를 곧바로 받을 수도 있다. 아니면 메시지를 자극하고자 뭔가 적극적인 행동을 해야 할지도 모른다.

몇 가지 제안을 하겠다.

드라이브나 산책하러 나가보자. 앞서 살펴보았듯이 우연은 돌아다닐 때 증가한다. 아마도 당신이 받는 메시지는 앞 차의 '초보운전'이라는 문구일지도 모른다.

차를 타고 카 라디오 게임을 해보자. 라디오에서 나오는 첫 노래나 광고가 당신이 찾는 메시지라고 생각해보자.

책 펴보기 게임을 해보자. 책을 아무 데나 펴보자. 눈에 띄는 첫 구절에 세상이 당신에게 보내는 메시지가 담겨 있다고 생각하자.

명확한 메시지를 얻었다면 이제 끝! 당신은 5분 신탁을 받았다.

메시지가 모호하거나 수수께끼 같다면 신탁이란 원래 그런 것이다. 당신이 받은 메시지와 관련해서 다른 사람의 도움이 필요할지도 모른다. 다른 사람들에게 그들의 상상력을 이용하여 당신의 신탁을 이해할 수 있도록 도와달라고 하자.

어쩌면 받은 메시지가 당신이 **원하지 않는** 것인지도 모르겠다. 오래전 사업 프로젝트 3개를 추진하면서 나는 카 라디오 게임을 해보았다. 곧바로 받은 메시지는 **3개**의 장례식장 광고였다. 그래서 생각했다. 이건 내가 원하는 메시지가 아니잖아. 장례식장은 죽은 자를 위한 곳이다. 우주는 사업이 탄생하기도 전에 죽었다는 메시지를 전해주고 있었다. 나는 온몸을 버둥거리며 그 명확한 메시지로부터 달아나려 했다. 그러나 그 주가 끝나갈 즈음 카 라디오의 충고가 꼭 맞았다는 것을 인정할 수밖에 없었다. 그 3개의 '오, 너무도 영리한' 프로젝트는 결국 죽고 말았다. 그 프로젝트는 실현 불가능했던 것이다.

세상이 당신에게 질문을 던지도록 하라

당신의 질문을 세상에 던지는 것은 놀라운 계시의 체험이 될 수 있다. 그 체험을 통해 질문에 대한 확신을 얻을 수도 있고 책망을 받을 수도 있다. 그러나 때로는 우연을 **있는 그대로** 즐기는 것이 더 큰 마법을 일으킨다. 사실 무슨 질문을 해야 할지 모를 수도 있고, 꿈에서 그런 것과 마찬가지로 우리 마음에 있는 것보다 세상이 우리에게 들려줄 이야기가 더 많은지도 모른다.

이제부터 더 심오한 우연의 힘을 청하는 방법을 알려주겠다. 그 힘은 우리 스스로와 이 세상에서 제 스스로 일어나고 **싶어하는** 일의 자연 주기를 맞춤으로써 찾을 수 있다. 날마다 **계획하지 않은** 시간을 적어도 5분만 내어 뚜렷한 목적 없이 돌아다니면서 특별할 것 없는 무언가를 찾아보자.

손목시계, 탁상시계, 컴퓨터, 휴대전화를 들여다보면서 당신은 하루에 몇 번 시간을 확인하는가?

그와 같은 횟수로 일손을 멈추고 **그 순간의 패턴**을 확인한다면 어떤 일이 일어날까?

잠시만 짬을 내어 당신의 몸속에서 감지되는 기분과 감각을 느껴보라. 내면의 사운드트랙을 들어볼 수도 있다. 잠깐이라도 세상의 스위치를 내리면 당신의 머릿속에서는 어떤 곡이 연주되고 어떤 말이 들리는가?

이 순간을 이용하여 물리적 환경에서 당신의 관심을 사로잡는 것은 무엇인지 알아볼 수도 있다. 아주 익숙한 장소라 해도 그곳에서 당신이 보게 되는 것에 놀랄 것이다. 아니면 눈을 감고 당신의 상황에 대해 어떤 기분과 감각을 느끼는지 좀 더 세세하게 자문해볼 수도 있다.

이 순간 내면의 세상과 외부의 세상이 당신에게 선사하는 것에 그냥 마음을 열면 된다. 새소리도 좋고, 글 한 구절도 좋고, 따스함의 감각도 좋고, 후회의 고통도 좋고, 당신을 무조건 좋아하는 지저분한 개도 좋고, 뉴스 기사도 좋고, 누가 변기 뚜껑을 올려놓았다더라 하는 식의 이야기도 좋다.

좀 더 깊숙이 들어가면, 당신을 둘러싼 온갖 소음과 스트레스의 볼륨을 낮추고 지금 이 순간 온전히 존재하지 않고 있던 당신의 일부를 당신에게로 되돌려 올 수 있다. 옛날 드라마를 개작하고 있는 당신을, 잠시 커피를 마시러 나간 당신을, 상사와의 다음번 회의를 걱정하는 당신을, 애인 생각에 빠진 당신을 말이다.

이제 당신이 끌어낸 그 모든 인식에 근거하여 자문해보자.

"이 순간의 패턴은 무엇인가?"

당신의 마음으로부터, 그리고 당신을 둘러싼 세상으로부터 솟아오르는 대답을 유심히 살펴보자. 이 순간 당신 내면의 세상과 당신을 둘러싼 세상은 서로 매우 촘촘히 엮어져 있음을 깨닫게 될 것이다.

10

우연과 필연의 전환점에서

 로마, 신의 목소리를 듣다

대부분의 사회는 사건들의 숨은 논리를 파악하고 더 심원한 우주의 힘과 협력적인 관계를 맺기 위한 방법들을 모색해왔다.

로마인들은 세계제국을 이런 방식으로 확장하고 유지했다. 그들은 신의 의지는 점술을 통해 확인된다는 사실과 신들은 우연, 꿈, 기이한 자연현상이라는 형식을 빌려 신호를 보낸다는 사실을 믿었다. 신호 또는 "기묘한 일"이 극적일수록 신호를 올바로 읽어내는 일도 시급했다. 번개가 가까이에서 쳤다면 그들은 그것을 신들이 더 큰 카드 판을 벌이고 있으며 신들의 게임이 인간 세상에까지 관여되어 있다는 메시지로 받아들였다.

로마인들은 주로 새들의 비행이나 노랫소리로부터 메시지를 얻었다. 중대사를 결정할 때가 되면 로마의 최고 관리들은 평의회 의원들과 함께 카피톨리노 언덕으로 올라가, 특정한 장소에 자리를 잡은 뒤 관찰할 하늘의 구역을 지정했다. 그들은 새들이 날아가는 속도와 방향, 숫자, 고도를 해석하고 새들의 언어를 번역하는 방법들에 대해 의논하고 의견의 일치를 보았다.

우리에게도 마찬가지지만, 로마인들에게도 가장 강력한 전조는 부르지 않았는데 찾아오는 것이었다. 네로 황제가 죽고 난 뒤 로마가 내전에 휩싸였을 때인 A.D 61년, 이상한 새 한 마리가 숲 속에 내려앉아 아무리 쫓아내도 날아가지 않다가 비텔리우스의 군대에 패배한 오토 황제가 자결하자 그제야 날아갔다. 최초의 황제 아우구스투스가 카프리 섬에 처음으로 발을 디디자 죽어가던 오크나무에 새싹이 돋으며 다시 살아났다.

신호가 분명하지 않지만, 사안이 몹시 시급한 것이면 로마인들은 제국시대에 아폴론 신전의 둥근 천장에 보관해두었던 신탁집을 참조했다. 나중에 신탁집은 전 세계 마법 텍스트를 모아놓은 책이 되었다. 신탁집을 참조하는 방식으로 선호된 것은

낱장들을 아무렇게나 펼쳐놓고서 무작위로 한 장을 뽑는 것이
었다.

 일본의 점술부

일본에는 신지관이라는 관청이 있었다. 종교의식을 다루는
관청이었는데, 3분의 1에 해당하는 그곳 관리들이 하나의 부서
에서 일했다. 바로 점치는 부서였다. 그들의 업무는 우연의 패
턴을 읽고 그 내용을 왕에게 보고하는 것이었다.

그들은 세상의 신호를 유도하는 기법들을 많이 알고 있었다.
중국을 본떠 거북이 등껍질에 불을 쬐었을 때 나타나는 균열을
읽는다거나, 사제들이나 탄원자들이 신탁의 꿈, 즉 레이무(靈
夢)를 꾸기 위해 신사나 불교사원에 가서 그곳의 심야 활동을
관찰하는 일 등이다. 그러나 점술부의 업무에는 유성이 떨어진
다거나, 교량에서 사고가 발생한다거나, 세 마리의 비둘기가
서로 쪼아 죽인 기이한 사건 등 자연발생적인 신호나 우연에
관한 충고를 알아내는 일도 포함되어 있었다.

일본 말로 점은 우라 혹은 우라나이이며, "숨겨진 것"과 접

촉한다는 뜻이 있다. 이제 우리는 가시적인 세상의 장막 뒤를 살짝 들여다본다는 주제와 또다시 만나게 되었다.

일본의 점술가는 유일하게 우라베 가문 출신이었다. 그 옛날 이 가문에서 "숨겨진" 세상을 들여다보고 저세상의 신호와 신탁을 유도할 수 있는 시인들을 대거 배출했으리라는 사실을 짐작해볼 수 있다. 그들에게는 거북이 등껍질에 일어난 균열과 하늘을 나는 새들이 만들어낸 패턴의 의미를 알아내기 위한 기호 같은 것은 필요 없었다.

하지만 나중에는 점술가들도 마법사보다는 공무원에 더 가까워져서 장황하고 단조로운 규칙을 따라야 했다. 일본의 신탁과 샤머니즘에 대한 훌륭한 연구업적을 남긴 카먼 블래커는 다음과 같은 현명한 말을 했다.

"우리에게 전수된 형태로서의 이 규칙들은 천부적인 시인(示人)이 사라지고 난 뒤 남겨진, 생명 없이 딱딱해진 찌꺼기나 다름없다."

진정한 예언력이 전수된 "해석"으로 쇠퇴해버린 것은 모든 문화에 공통된 현상이다.

중국, 주역으로 지배하다

중국에서도 비슷하지만 훨씬 오래된 이야기가 있다. 주역으로 알려진 중국의 신탁은 지금으로부터 대략 3,000년 전 아마도 뼈로 점을 쳤던 사람들이나 거북이 등껍질의 균열을 읽어냈던 사람들로부터 비롯했으리라 추정된다. 주역은 아직도 널리인기를 얻고 있다. 2005년 봄, 베이징 최대 규모의 서점에서 최고의 베스트셀러는 주역에 대한 강의를 모아 놓은 신간 서적이었다고 한다.

주역이 가르쳐주는 한 가지 지혜는 오로지 변화를 통해서만 항구성과 안정성이 지켜진다는 것이다. 우리가 발을 붙인 장소는 매순간 움직이고 있다. 파도더러 치지 말라고 할 수 없는 것처럼 변화도 멈출 수 있는 것이 아니다. 그렇다면 우리는 주어진 순간에 일어나고 **싶어 하는** 일들의 패턴을 읽는 법을 배워야한다. 주역은 무한한 가능성의 조합들을 64개의 패턴으로 압축한 뒤, 각 괘상에 포함된 효들을 변화하는 것으로 규정함으로써 다양하고 복잡한 풀이를 가능하게 한다.

그 옛날의 점술가들에게는 해설서나 풀이집이 없었을 테니, 아마도 그들은 리처드 빌헬름이 서구에 실용 주역을 처음 들여

182

온 이래로 서구인들에게는 익숙해진 괘상의 번호 같은 것에는 거의 주의를 기울이지 않았을 것이다. 점술가들은 산가지가 자그락 떨어지는 소리—어쩌면 북 치는 소리—를 듣고 하나 혹은 둘로 갈라지는 선들의 이진법적 패턴을 보았다. 그들은 변화하는 선들에서 기본적인 힘들의 작용을 보고 천지의 뜻을 읽었다. 기호들은 맥박치고 번쩍이면서, 장막 뒤에 존재하며 여러 세상과 합쳐질 수 있는 다양한 마음의 차원들을 즉시 드러냈다. 중국의 점술가들은 선조, 특히 저세상으로 간 점술의 대가들에게 경의를 표하고 제물을 바침으로써 그들의 마음과 합쳐지고자 했다. 점칠 때 쓰는 산가지 중에 가장 귀한 것은 주역에 통달했던 사람의 무덤가에서 뽑아온 것이라고 한다.

이처럼 한없이 매력적이고 끊임없이 갱신되는 패턴 인식 방식을 활용했던 그 옛날 대가들은 이 방식과 또 다른 패턴 인식 방식들을 별개의 것으로 생각하지 않았다. 이 사실은 은나라의 폭군인 주왕을 몰아내고 주나라를 세운 무왕의 반란에서 잘 알 수 있다.

은나라의 왕은 잔인하고 방탕한 폭군이었으며, 그의 애첩 또한 성욕이 왕성한 여자였다. 그들은 백성을 돌보는 일은 게을리하고 도락만을 일삼았다. 이에 무왕으로 알려진 주나라의 군주가 군사를 모아 은나라의 수도로 행군했다. 드디어 강을 건너야 할 지점에 다다랐다. 강물의 범람을 두려워할 충분한 이유가 있었던 중국인들에게 강을 건넌다는 것은 언제나 아슬아슬한 순간을 의미했다. 그들이 배를 타고 강으로 나아가자 기운이 넘치는 엄청나게 커다란 흰색 물고기 한 마리가 무왕의 배에 펄쩍 뛰어올랐다. 흰색 물고기는 은나라의 상징이었으므로 무왕은 이를 흉조로 여겼다. 배에 올라탄 놈은 크고 힘이 셌다(그리고 달아났다). 무왕은 진군 명령을 철회했다.

무왕은 2년을 더 기다렸고, 그동안 군사력을 보강했다. 마침내 그의 군대는 또다시 깃발을 휘날리며 진군했고, 또다시 그때의 강에 다다랐다.

군사들이 강둑에 전부 도착하자 무왕은 그들을 향해 승리를 자신한다고 외쳤다. 주역에서 길조의 괘를 얻었으며, 게다가 **지난밤 꿈속에서 그것을 다시 확인했다**고 했다.

"하늘이 나를 통해 백성을 지배하려는 것으로 여겨진다. 꿈과 점괘가 일치하니 두 배로 강한 길조를 얻은 셈이다. 따라서 은나라 공격은 성공할 수밖에 없다."

무왕이 옳았다. 은나라 수도는 함락되었고, 폭군은 참수되었으며, 주나라가 건립되었다.

이 일에서 우리는 세 가지 신탁 행위를 찾아볼 수 있다. 무왕은 자연의 사건, 즉 뛰어오른 물고기로부터 자연발생적인 경고를 받는다. 두 번째로 주역을 봄으로써 우주로부터의 메시지를 유도한다. 마지막으로 꿈에서 확증적인 메시지를 받는다. 그는 만물의 이야기를 귀담아들었다. 그는 밤이나 낮이나, 심층적인 세상이나 표면적인 세상이나, 유도한 신호나 주어진 신호나 전부 다 받아들였다. 이런 방식으로 혁명을 일으키고 새로운 왕조를 건립한 한 인물로부터 우리는 깨달음을 얻을 수 있다.

 ## 역사를 움직이는 보이지 않는 손

이따금 우리는 이미 일어난 사건들을 통해서 우연의 패턴과 역사의 운율을 읽을 수 있다. 그렇게 함으로써 세상사에 거대한 힘이 작용하고 있음을 깨닫는다. 이는 인간의 게임을 초월하는 게임이다.

현대의 걸출한 역사학자 존 루카치는 **큰** 역사적 사건들에서 유사성을 찾아내는 일에 흥미가 생겼다. **큰** 역사적 사건이란 세상을 뒤흔들거나 재창조할 만큼의 대단한 사건을 말한다. 루카치는 1940년의 결정적인 몇 개월 동안 일어난 두 가지 사건에서 이 현상을 발견했다.

1940년 5월 10일, 처칠은 버킹엄 궁전으로 불려가 영국의 총리가 되었고, 히틀러는 벨기에 국경 근처의 전투사령부에서 벨기에와 네덜란드에 대한 전면 공격을 개시했다. 히틀러가 감행한 급작스러운 공격으로 말미암아 "북해 연안 국가들"이 2주만에 점령되었고, 이로써 영국을 침공하고 2차 대전을 승리로 이끌 발판이 마련되었다. 히틀러를 멈출 수 있을 사람은 아무도 없을 것처럼 보였다. 한편 처칠은 히틀러를 멈출 수 있는 위치에 오르게 되었다. 그는 겁먹은 영국의 엘리트들과 고립된 영국의 국민을 "무슨 일이 일어나도 싸울 것"을 설득할 수 있는 사람이었다.

7월 31일, 히틀러와 루스벨트는 서로의 계획을 모르는 상황에서 2차 대전의 판세와 승산을 뒤엎을 중대한 결정을 내렸다. 히틀러는 장군들에게 러시아 침공을 비밀리에 준비하라고 지시했다. 루스벨트는 의회의 고립주의자들을 무시하고 50척이 넘는 "노후한" 구축함을 영국에 팔겠다고 결정했다. 이로써 미국은 영국과 함께 독일 전에 참전하게 되었다. 상황은 양면전으로 바뀌었고, 때문에 독일의 승리는 불가능했다.

때로는 숨은 손길의 존재를 깨닫지 않는 것이 불가능해 보인다. 나는 소년 처칠의 손을 생각한다. 자신의 방에서 장난감 병정들을 이리저리 옮기며 전쟁놀이를 하고 있다. 때로는 이쪽에 때로는 저쪽에 승리를 안겨주고, 가끔은 그 병정들로 뭔가 아주 다른 것을 시도하기도 한다. 그리고 소년 시절 이후의 내 꿈을 생각한다. 그 조그마한 병정들을 다양한 배경에 놓고 살펴본다. 더 가까이 바라보니 살아 움직이는 것 같다. 이제 그 모형들은 그냥 장난감 병정이 아니라 온갖 형태의 인간들로 보인다. 그런 꿈에서라면 나 역시 거인이 되어 보이지 않는 손으로 바닥에 놓인 물체들을 내 마음대로 바꿀 수 있다. 아니면 한 편의 연극 속으로 입장하여 다른 배우들과 교류하거나, 그들을 관찰할 수 있다.

다수의 사람들에게 영향을 미치는 상황을 이해할 필요가 있을 때 나는 의식적인 상상을 한다. 그럴 때면 그런 꿈들의 이미지를 차용하여 나 자신이 그 생생한 파노라마를 지켜보는 장면을 상상하면서 그 상황과 관련된 인물들이 시도해봄직한 또 다른 행동들을 연구한다.

우연과 마찬가지로, 그런 꿈들은 상상을 키운다. 우리가 어떤 전환점에 당도해 있다 하더라도 그런 꿈들은 우리에게 깨달음을 줄 것이다. 삶은 우리의 인생과 우리의 세상에서 가능한 여러 역사들—병행하는 사건의 궤도들—중에서 선택할 수 있도록 한다. 관찰자 효과는 양자의 실재에서 작용할 뿐 아니라 인간의 차원에서도 작용한다. 릴케는 말했다.

"바라봄은 사물을 원숙하게 한다."

이것이 무슨 의미인지 알려면 만만치 않은 상상의 힘이 필요할 것이며, 이제부터 살펴볼 것이 바로 상상이다.

3부

세상을 바꾸는
백만 불짜리 즐거움,

상상의 초점이 어긋났다면 판단을 믿어서는 안 된다.

—마크 트웨인의 공책에서, 1898년

상상은 게으른 자의 변명?

"단지 상상일 뿐이야."

언제 이런 말을 중얼거리게 되는가? 내 경우에는 강한 직관의 순간에 이렇게 말했다. 그 순간에는 증거가 부족했지만, 그 직관은 곧 올바른 것으로 밝혀졌다. 멋진 미래가 잠시 눈앞에 펼쳐진 것 같았을 때도 이렇게 말했다. 하지만 그렇게 될 수 없는 온갖 이유를 대어 에너지를 딴 곳으로 전환함으로써 그 비전을 배반하고 말았다.

상상을 업신여기는 것은 우리 자신의 한 부분을 추방하는 것과 같다. 우리의 그 일부는 특별한 중요성을 띠는 것들을 알고 있으며, 세상을 다시 전망하고 새로 창조하는 힘을 가진다.

상상은 이미지를 통해 생각하고 행동하는 마음과 영혼의 기능이다. 영국의 시인 새뮤얼 테일러 콜리지가 말한 것처럼 이미지는 "마음의 사실들"이다.

이미지는 삶의 기억과 감각적 경험에서 가져오는 것이지만, 단순히 복제된 것 이상의 의미를 지닌다. 원자료들을 다시 구성하고 변환시켜 뭔가 새로운 것으로 바꾸는 것이다. 그리고 그 에너지원은 더 깊숙한 곳에 있다.

어린 샐리의 가족이 나에게 도움을 청해왔다. 샐리가 밤마다 공포에 시달린다고 했다. 나는 샐리에게 내가 어렸을 때 가지고 놀던 장난감 병정을 주었다. 로마 병사 모습을 한 병정이었다. 이 병정이 밤의 보호자가 되어 무서운 것들을 쫓아줄 것이라고 했다. 그로부터 3년 뒤 나는 샐리를 다시 만났다. 이제 10살이 되어 있었다.

"렉스는 정말 대단해요."

샐리가 말했다.

"렉스가 누구지?"

샐리는 내가 그 일을 완전히 잊어버린 것에 충격을 받은 듯했다.

"아저씨가 준 그 로마 병사요!"

아이는 발을 굴러댔다.

"키가 이제 3미터나 되는걸요. 밤중에 뭔가 무시무시한 것이 돌아다니면 곧바로 달려가 쫓아버려요. 악몽 같은 건 이제 꾸지 않아요."

이는 하나의 현실 차원에서 가져온 이미지가 어떻게 여러 발원지에서 비롯한 에너지들을 담아내는 그릇이 될 수 있는지 보여주는 한 예다. 내가 샐리에게 준 것은 밤의 수호자라는 **아이디어**였지만, 어린아이라는 점을 고려할 때, 그 아이디어를 형체가 있는 물건으로 바꾸어 제시한 것은 적절했던 것 같다. 그 물건은 상상의 힘을 통해 더 많이 자라났으며 자율적인 생명력을 갖게 되었다. 작은 병정의 키가 3미터로 자라났고, 문제가 생기면 자율적으로 나타나 강력한 힘을 발휘하여 영적 침입자들을 쫓아버렸다. 그 물건이 보호의 에너지를 저장하는 공간이 된 것이다. 이는 부분적으로 간절한 바람의 결과였지만, 나는 또한 그것이 초인간적인 에너지—이 세상의 에너지들을 초월한 영역에서 발원한 에너지—의 결과였다고 믿는다. 그 에너지가 담겨도 괜찮을 만한 그릇을 찾아 들어간 것이다.

2

상상력, 현대사를 뒤흔들다

🖋 상상은 생존의 힘이다

상상을 존중하는 것은 가장 시급한 문제이며, 실제적으로도 중요한 문제이다. 철학자이자 황제였던 마르쿠스 아우렐리우스의 말처럼 "인간의 삶은 상상의 색깔들로 염색" 되기 때문이다.

우리는 이미지로 살아간다. 이미지는 이를 닦는 행위에서 사랑하고 회의 시간에 말을 할까 말까 고민하는 것에 이르기까지 우리가 생각하고 행동하는 모든 것을 통제한다. 이미지는 현실의 경험을 생성하고 구성한다.

우리는 현실은 바로 저기에 있다고 말하지만, 그 현실을 직

194

접 경험하는 것은 아니다. 물리학자로서 다세계이론을 널리 알린 데이비드 도이치는 말한다.

"우리가 직접 경험하는 것은 가상현실의 연출로, 감각적인 데이터에 더해서 그 데이터를 어떻게 해석하는가에 대한 선천적 이론들과 후천적 이론들(예컨대 프로그램들)의 복합적인 작용에 의해, 우리의 무의식적 마음이 편의로 생성시킨 것이다.……우리의 외부 경험에서 최종적으로 남는 것은 가상현실에 관한 것이다.……생물학적으로 말해서, 환경을 가상현실로 연출하는 것은 인간이 생존을 유지하는 특징적인 수단이 된다."

우리의 삶은 우리가 이미지의 역할을 인식하고 있는지에 따라, 그리고 우리와 만물의 교류를 지배하는 심상을 선택하고 버리고 변환시킬 수 있는 우리 자신의 능력을 우리가 인식하고 있는지에 따라 더 진짜가 되기도 하고 아니기도 하다. 《데미안》의 작가 헤르만 헤세는 이를 매우 정확히 표현했다.

"우리 내면에 담겨 있는 것 외에는 어떤 현실도 없다. 그토록 많은 사람이 비현실적인 삶을 살아가는 이유가 바로 그것이다. 사람들은 현실이라며 외부의 이미지를 취하지만, 내면세계가 그 자체를 주장하도록 허락하는 일은 결코 없다."

🚗 상상의 위기

인생의 가장 큰 위기는 상상의 위기다. 우리가 꼼짝없이 반복의 바퀴에 묶여 있는 것은 우리가 우리의 상황을 다시 상상하는 것을 거부하기 때문이다. 우리는 부정적이거나 제한적인 이미지들로 살아가면서 그것을 "현실"이라고 부른다. 이는 우리가 과거의 특정한 모습이나 합의적인 환상 속에 자신을 가두기 때문이다. 우리가 이렇게 하는 것은 익숙함을 고집하기 때문이며, 현재나 지금까지의 모습을 버리고 예정된 본 모습을 따르려 하지 않기 때문이다.

상상의 위기는 유행병처럼 번져 있다. 9·11위원회는 미국 역사상 최악의 테러 공포는 "상상의 실패" 때문에 일어난 것이라고 말했고, 이는 올바른 판단이었다. 극소수의 예외적인 경우를 제외한다면, 안전을 책임진 사람들은 테러집단이 미국 비행기를 납치하여 미국 영토의 주요 표적들을 공격하는 대담무쌍하고 섬뜩한 계획을 감행하리라고는 상상도 하지 못했다. 하지만 그 계획은 수년 동안 "막연히 알려져" 있었고, 그 같은 정보에는 접근할 방편이 없었던 수많은 사람의 꿈속에 나타났다. 1998년 가을 뉴욕에 사는 한 여성이 자신은 이해할 수 없는 무시무시한 꿈을 꾸었다며 그 내용을 나에게 들려주었다. 그녀는 꿈속에서 미국의 비행기들이 워싱턴 D.C.나 그 밖의 미국 영토의 표적들을 공격하고 있었다고 했다.

이 문제를 다루려면 특별한 출처를 참조해야 할 것이며, 우리의 에너지와 관심을 적극적인 형태의 상상으로 돌려 모든 것을 다시 그려볼 수 있어야 할 것이다.

세상의 시민이 되려면 우리는 **공감적인** 상상을 육성해야 한다. 이를 통해 우리는 우리가 아닌 다른 사람들의 감정과 동기를 이해할 수 있다. 다른 사람의 입장이 되어 자신을 상상하는 능력은 건강한 사회적 관계와 이해에서 매우 중요하다. 반사회적 성격이상자에게 부족한 것이 바로 이 능력이다.

세상에 평화와 균형을 가져오려면 우리에게는 **역사적** 상상력이 필요하다. 역사적 상상력이란 과거에서 유익한 것을 찾는 능력과 특정한 사건 트랙―과거, 현재, 혹은 미래―에 대한 대안을 탐색할 수 있는 능력을 모두 의미한다. 윈스턴 처칠은 역사적 상상의 대가였으며, 그가 최악의 위기의 시대였던 20세기를 헤쳐 나올 수 있었던 것은 전환점마다 다른 선택을 한다면 결과가 어떻게 달라질까를 상상할 수 있었던 그의 능력과 밀접하게 연관된다. 그는 과거를 연구하면서―가장 주목할 만한 것

3부 | 세상을 바꾸는 빛만 불째리 중가좀, 상상

으로는 그의 선조 말버러 공작의 전기를 연구하면서—특정한 순간마다 선택이 달랐다면 어떤 일이 벌어졌을까를 끊임없이 생각해보았고, 그 가정들을 통해 교훈을 이끌어냈다. 그가 미래를 생각할 때면 특출한 예지력을 보였을 뿐 아니라(1920년대에 글을 쓰면서 그는 도시를 파괴할 수 있는 "오렌지 크기"의 무기를 예언했다), 있을 수 있는 **또 다른** 사건 궤도들을 언제나 추적하고 있는 것처럼 보였다. 20세기를 대표하는 사상가 중 한 명인 이사야 벌린은 《1940년의 윈스턴 처칠》에서 이렇게 썼다.

"처칠의 월등함은 현재와 미래를 풍요롭고 다채로운 과거의 틀 속에 전부 담을 수 있을 만큼 매우 강력하며 종합적인 역사적 상상력에 있었다. 그것이 도덕적이고 지적인 그의 세계를 구성하는 단 하나의 중심 원칙이었다."

물론 처칠도 실수를 했다. 그중 하나는 1922년 오스만제국의 몰락 이후 이라크라는 이름의 국가를 탄생시킨 일이었을 것이다. 그러나 그 이후의 서구 지도자들이 처칠처럼 상상하는 능력만 있었더라도—위대한 처칠의 역사적 과오의 결과를 더욱 암울하게 만들기보다는—이라크 전쟁이라는 큰 재앙은 피할 수 있었을 것이다. 이라크의 탄생을 도우면서 처칠도 서로를 본질적으로 미워하는 세 개의 종족으로 구성된 인위적인 국가에 민주주의를 정착시키는 것이 과연 이치에 맞는지 틀림없이 자문해보았을 것이다.

세상에 관련된 문제건 개인 생활에 관련된 문제건 상상 훈련을 위해서는 과거와 창의적인 관계를 맺을 것이 요구된다.

상상은 타고나는 것이 아니다

우리가 과거로부터 되찾고 싶은 한 가지는 아이의 마음속에 담겨 있는 지혜다. 상상 연습은 우리의 생활 속에 아이에게 내어줄 공간을 만드는 것으로부터 시작된다. 아이는 "무언가를 꾸며내도" 괜찮을 뿐 아니라 그것이 **재미있는** 일이라는 것을 알고 있다.

아인슈타인은 왜 다른 사람이 아닌 그가 상대성이론을 발견했는지에 대한 질문을 받자 이렇게 대답했다.

"보통의 어른이라면 시간과 공간의 문제에 대해 시간을 내어 생각하지 않지요. 그런 것은 어린아이였을 때나 하는 일입니다. 그러나 나는 지적 발달이 늦은 편이었고, 그 때문에 자라난 이후에야 시간과 공간을 생각하기 시작했습니다."

마크 트웨인은 이렇게 말했다.

"어떤 아이도 상상 훈련 없이 자라서는 안 된다. 상상은 아이의 삶을 풍요롭게 한다. 상상을 통해 세상은 멋지고 아름다운 것이 된다."

지금 우리가 몇 살이건 간에 우리 모두에게는 상상이라는 현실세계의 한 공간이 필요하다. 날마다 그곳에 가서 상상 훈련을 해야 한다.

시인 캐슬린 레인이 아름답게 표현한 것처럼, 계속 연습하면 "상상의 지식은 나무나 장미, 폭포, 태양, 별들처럼 직접적인 지식"이라는 것을 깨닫게 될 것이다.

상상 속에 튼튼한 집을 지으면 그곳이 우리가 바라던 창조적 탄생의 장소임을, 모차르트가 다음과 같이 말하면서 환기시킨 마음의 상태임을 알게 될 것이다.

"한 번 보는 것으로 내 마음은 그 전부를 알 수 있다.……모든 창조와 창작은 아름답고 강렬한 꿈에서처럼 내 안에서 진행된다."

3

긍정적으로 상상하고 행동하라

 새로운 나를 위한 상상 훈련

한번은 캘리포니아에서 모임을 진행하면서 참석자들에게 각자 자신에게 힘을 주는 노래, 언제 들어도 기분 좋아지는 노래를 떠올려보라고 한 적이 있었다. 대부분 옛날에 좋아했던 노래를 떠올렸지만, 한 여류작가는 자신이 직접 만든 노래를 불렀다. 무척 신나고 재미있어서 우리도 따라 불렀다.

가면서 이루어요. 가면서 이루어요.
길은 또 다른 길을 안내하니까요.

뭔가를 이루어낼 때는 마법이 작용한다. 그 마법의 열쇠를 찾으려면 상상의 비밀을 익히고 활용해야 한다.

워크숍을 시작할 때 나는 종종 사람들이 먼저 긴장을 풀도록 한 뒤 각자의 인생에서 떠오르는 이미지 하나를 말해보라고 한다. 그날 길에서 보았던 장면이나 어렸을 때 꾸었던 꿈, 그냥 불쑥 떠오르는 이미지 등 뭐든 좋다. 아무것도 떠오르지 않는다고 하면 몸에서 가장 강렬한 느낌이 오는 부위가 어디인지 생각해보라고 한다. 그 부위에 가서 닿았다고 생각하고 떠오르는 이미지를 말해보라고 한다. 그래도 이미지를 떠올리지 못하고 힘들어하는 이들도 있다. 그들은 뭔가에 막혀 있는 사람들이다.

그들이 자신들을 가로막는 장애물에 형체와 이름을 부여할 의지만 있다면 실제로 그들에게 엄청난 기회의 순간이 찾아올 것이다.

"죄송해요. 전혀 떠오르지 않아요."

워크숍을 시작하면서 떠오르는 이미지를 말해달라고 하자 한 여성이 이렇게 말했다.

"어떤 기분이 드세요?"

"낭패감."

"그런 낭패감을 어느 부위에서 느낍니까?"

그녀는 상체를 가리켰다.

"그 부위에 손을 대어보세요. 느낌에 따라 그 부위로 이동해 보세요. 그 부위로 이동하는 것처럼 해볼 수 있겠습니까?"

"네."

"그곳에 뭔가가 있을 겁니다. 보입니까?"

"네. 아버지예요."

"아버지와 관련해서 무엇을 해야 할 것 같습니까?"

"아버지를 용서할 수 있을지 알아봐야 할 것 같아요."

"그렇게 하려면 무엇을 해야 할까요?"

"어린 시절의 나를 다시 데려와야 할 것 같아요."

나는 과감하게 질문을 던졌다.

"그 아이가 바로 그곳에 있는 것 같군요. 그 아이가 보이나요?"

"보여요."

"그 아이를 다시 당신의 삶에 받아들이고 아버지에 대한 미움을 놓아버릴 수 있겠습니까?"

"노력해보겠어요."

다음 날 다른 곳에서 열린 워크숍도 같은 식으로 시작되었다. 삶은 운율을 맞추어 흘러간다. 맨 처음 지명된 남자가 말했다.

"죄송합니다. 말할 게 없군요."

"기분은 어떻습니까?"

"꽉 막힌 기분입니다."

"어디에서 그런 막힌 기분을 느낍니까?"

그는 심장 쪽을 가리켰다.

"그 장애물이 어떤 것인지 묘사해볼 수 있겠습니까? 형체는 있나요?"

"큽니다. 육면체처럼 느껴지는군요."

"돌멩이 같습니까, 아니면 나무나 쇠붙이 같습니까?"

"나무 같습니다."

나는 또 한 번 과감하게 질문을 던졌다.

"아이들이 갖고 노는 알파벳 블록 같은 건가요?"

"바로 그거예요. 알파벳 블록이로군요."

이제 그는 흥분해 있었다.

"가까이 다가가 알파벳 블록을 만져보는 모습을 상상할 수 있겠습니까? 그 블록 가까이에 있는 당신은 몇 살이지요?"

"4살입니다."

그의 목소리에는 확신이 담겨 있었다.

"지금의 당신이 어린 당신을 도와 함께 단어를 만드는 모습을 그려볼 수 있겠습니까?"

"네. 우리는 D-R-E-A-M, 꿈이라는 단어를 만들고 있습니다."

그의 눈은 반짝이고 있었다. 나는 그에게 4살 때의 자신과 만난 것을 기념하려고 뭔가 하고 싶은 일이 있는지 물어보았다.

"물론이지요. 집으로 돌아가는 길에 알파벳 블록을 좀 살까 합니다. 4살짜리 아들이 있거든요. 그걸로 아들 녀석과 즐겁게 놀 생각입니다."

 버릴 수 없다면 끌어안아라

상상 훈련은 일상에서 우리의 에너지를 가로막거나 엉뚱한 방향으로 흘러가게 하는 쓸모없는 이미지들을 **청산**하고, 우리에게 용기와 자신감을 주는 긍정적이고 행동적인 이미지를 **선택**하는 일에 관한 것이다.

부정적 이미지들을 청산하는 것이 어려운 이유 중 하나는 그 이미지들이 우리를 사로잡고 있다는 사실을 우리가 흔히 망각하고 있다는 것이다. 먼지나 박테리아처럼 부정적 이미지들은 우리의 의식적인 지각 저 깊은 아래에서 우리를 좀먹으며 증식한다. 그 이미지들은 공포와 혐오, 심장이 곤두박질할 것 같은 두려움의 순간에 우리의 마음으로 몰려든다. 그 이미지들은 주로 과거의 상처나 죄의식, 수치심에서 비롯한 것이다. 우리가 두려움에 사로잡히게 된 원인을 제공한 사건들은 깊숙이 숨겨져 있거나 억압되어 있을 것이다. 혹은 우리가 다시는 열고 싶지 않은 방 안에 가두어져 있을 것이다.

생각을 마비시키는 공포나 정신을 멍하게 만드는 장애물을 이미지라고 부르기는 쉽지 않다. 하지만 발견될 때를 기다리는 공포나 장애물에는 이미지가 존재한다. 그 이미지가 밖으로 끌어내어져 뭔가 조치가 취해지면 의미 있는 치유가 일어날 것이며 앞으로 나아가는 원동력을 얻을 수 있을 것이다.

우리는 저마다 과거를 청산해야겠다고 이야기한다. 컴퓨터에서는 클릭 한 번으로 전부 해결되지만, 우리 뇌에는 "과거를 청산하라"는 버튼이 없다. 하지만 우리는 스스로 검사하여 숨어 있는 파괴공작원들을 햇빛 속으로 끌어내야 한다.

검사와 청산은 복잡하거나 어려운 일이 아니다. 혼자 힘으로 충분히 가능한 일이다.

- 당신의 삶에 존재하는 문제와 어려움을 규정하라.
- 조용한 장소와 시간을 골라 눈을 감고 문제가 가장 강렬하게 느껴지는 신체 부위로 이동하라.
- 문제를 명확하게 보여주는 이미지를 찾아라.
- 이미지를 찾으면 의식적으로 뭔가 조치를 취할 수 있는지 살펴보라.

근심 때문에 속에 "응어리"가 생긴 것 같다는 심정을 토로했던 한 여성은 지독하게 뒤엉킨 실타래 이미지를 떠올렸다. 그녀는 자신이 그 실타래를 조심스레 푸는 모습을 그려보았다. 그러자 깜짝 놀랄 해방감이 느껴졌다. 닳아빠지고 군데군데 매듭이 지어져 있던 실타래는 튼튼한 밧줄이 되었다. 그녀는 곧 자신이 그 밧줄을 이용해 가파른 비탈길을 올라가는 모습을 상상했다. 가파른 비탈길은 그녀의 삶에 존재하는 또 다른 도전의 구체적인 이미지였고, 그 도전은 지금까지 그녀의 힘과 능력 밖에 있던 것이었다.

이 간단한 예를 통해 우리는 일상에서 상상을 훈련하는 방법을 알 수 있다. 먼저 하나의 문제를 떠올린 후 그에 맞는 이미지를 찾아 집중한다. 다음으로는 그 이미지와 상호작용하면서 의식적으로 그것을 긍정적으로 바꾸려고 노력한다. 그 과정에서 이 방법이 효과가 있다면 그 이미지는 살아날 것이다. 그렇게 되면 상황은 자연발생적이고 규정되지 않은 방식으로 전개될 것이다. 상상의 사건이 현실화된다는 것을 아는 때가 바로 그 순간이다. 우리의 몸이, 그리고 아마도 우주가 그것을 믿기 시작하는 때가 바로 그 순간이다. 상상의 행위가 끝날 때마다 우리는 그 결과를 우리의 감정과 에너지 수준에 따라 판단할 수 있다.

길 위에서 만나는 장애물들은 스승이자 은인이며 또한 인생의 순환주기의 일부이다. 장애물은 우리의 내면에 존재하고 있을 수도 있고, 우리의 환경에 존재하고 있을 수도 있다. 장애물은 새로운 방향을 발견하게 해주며, 새로운 능력과 용기와 힘을 개발하도록 우리를 북돋아준다. 또는 삶에서 정말 중요한 것은 무엇인지 되돌아보게 해준다.

• 장애물은 인생을 **올바른 보폭**으로 걷고 인내심을 계발하도록 우리를 이끈다.

- 장애물은 **새로운 단계**로 나아가는 데 필요한 자질이나 기술을 증명하고 계발하도록 요구한다.
- 장애물은 우리가 원래 의도했던 곳보다 **더 나은 장소**로 우리를 이끈다.
- 장애물은 무작정 나아가는 대신 위를 처다보게 하며 우리가 **진정 이루고자 하는 것**은 무엇인지 다시 한 번 되돌아보게 한다.
- 장애물은 우리가 그것을 걷어차고 더 큰 뭔가를 향해 **나아갈 수 있도록** 에너지를 발전시킨다.

이름을 붙이고 형체를 부여하기 전까지는 장애물의 성질을 알 수 없다. 그런 뒤에야 그것을 이리저리 살펴보며 다른 식으로 바라보면 어떤 일이 생길지 생각해볼 수 있을 것이다.

지각하는 순간 그 자체로도 모든 것이 바뀔 수 있다.

이미지를 그리고, 몸으로 표현하라

 이미지로 병의 원인을 보다

이미지에는 에너지가 흐른다. 이미지는 온몸에 전기 스파크를 흘려보낸다. 뇌파도 검사를 통해 기록된 뇌파를 보면 이 사실을 확인할 수 있다. 또한 이미지는 몸속으로 화학물질을 흘려보낸다. 그 물질이 어떻게 구성되고 어떤 효과를 내는지는 당신이 품고 키우는 이미지가 어떤 것인지에 달렸다. 지금 슬프고 울적하다면 당신은 비탄과 좌절의 이미지에 빠져 "우울함"을 만들고 있는 것이다. 지금 열에 받쳐 싸움이라도 하고 싶은 심정이라면 당신의 몸속에 아드레날린을 펌프질해 넣는 것

이나 다름없다. 파도의 감미로운 리듬이 들리는 해변의 별장 같은 곳으로 마음을 옮길 수 있다면 당신의 몸속에 발륨과 그 화학구성이 매우 비슷한 자연산 신경안정제가 우러날 것이다. 당신이 승리의 이미지를 떠올릴 수 있다면 당신의 면역체계를 강화시켜줄 신경 펩티드의 활동이 더욱 증가할 것이다.

몸이 상상의 사건과 물리적 사건을 구분하지 못하는 것처럼 보이는 이유 중 하나가 바로 그것이다. 즉 상상의 사건과 물리적 사건 모두 몸의 전기화학적 체계를 바꿀 수 있다는 말이다. 따라서 우리가 지금껏 알아채지 못했던 것까지 포함해서 우리 몸에 어떤 이미지를 작용시킬까를 분명히 깨달을 필요가 있다.

치유 이미지의 위력은 현재 건강관리 분야에서 널리 인정받고 있으며, 이는 매우 고무적인 현상이다. 치료사들은 흔히 건강에 관련된 이미지들을 몇 가지 기본 유형으로 분류한다.

그중 하나가 **수용적** 이미지이다. 수용적 이미지란 종종 꿈속이나 비몽사몽간에, 혹은 의식이 몽롱한 상태에서 자연발생적으로 불쑥 떠오르는 이미지를 말한다.

이런 유형의 자연발생적 이미지는 환자에게 자기 신체의 일정한 부위에 대해 어떤 기분이 드는지 말해보라고 할 때 불쑥 튀어나온다. 이런 식이다. "목 주위에 빳빳한 칼라가 있어서 숨

211

이 막히는 것 같아요." 아니면, 신장결석으로 판명되기는 했지만, 내가 한밤중에 병원으로 달려가 이렇게 말해 응급실 간호사를 깜짝 놀라게 했을 때처럼 말이다.

"용의 알이 뱃속에서 부화하려는 것 같아요."

적극적 이미지란 계발되거나 제안된 이미지를 말한다. 꿈에서 가져온 것이나 떠오른 이미지 중 하나일 수도 있다. 또는 치료자가 모아둔 각본이나 이야기들에서 제안된 것일 수도 있다. 이를테면 당신이 꿈속에서 결혼식을 하려고 하는데 식장에 거미들이 짝짓기하면서 어마어마한 숫자로 증식하는 것을 보고 깜짝 놀랐다. 이 거미들을 도대체 어떻게 하면 좋을까? 청소부들을 불러와 커다란 빗자루로 그 거미들을 모조리 쓸어내는 장면을 그려볼 수 있겠는가?

건강관리 분야에서 인정받는 이미지 중에는 **프로세스** 이미지라는 것도 있다. 환자가 각 치료 단계와 치료 후의 이미지들을 리허설하는 것을 말하며, 환자는 그 이미지들을 통해 치료에 대한 걱정을 덜고 치료가 끝난 후 회복한 자신의 모습을 그려볼 수 있다.

마지막으로, **일반적 치유** 이미지란 주로 자기만의 상징이나 내면의 벗의 이미지를 말한다. 영적인 형상일 수도 있고, 동물

보호자, 혹은 자연의 힘이나 풍경일 수도 있다. 이 이미지들은 내면의 자원을 쌓고, 자신감을 키워줄 것이다.

환자가 이용하는 이미지는 "구체적"이면서, 갖가지 증상과 치료 절차에 대해 명확하고 완전한 그림을 제공한다는 점에서 "생물학적으로 올바른" 것일 수도 있다. 또는 "상징적"인 것일 수도 있다. 치유 이미지를 의학적 맥락에서 활용하는 일에 주도적인 역할을 해온 바바라 도시는 이런 이미지 방법에 대해 이렇게 평가했다.

"상징적 이미지의 힘은 구체적 이미지의 그것보다 더 강한 것 같다. 상징을 만들어내는 과정에서 환자는 이미지 절차에 좀 더 온전히 참여할 수 있기 때문이다. 또한 환자는 자신이 만들어낸 상징이 생물학적으로 올바른 이미지보다 더 의미 있고 더 적절하다고 느끼는 경우가 많다."

 ## 치유 이미지의 근원

그렇다면 우리의 몸을 회복시키고 건강을 유지하도록 도와줄 최상의 이미지는 어디에서 찾을 수 있을까?

답은 어린 시절이다. 그 시절로 돌아가라. 행복했던 시절, 경이로움으로 가득 차 있던 시절, 상상이 활활 불타오르던 시절로. 나는 뉴사우스웨일스의 숲 속 유카리나무 아래 녹갈색 웅덩이가 얕게 파여 있던 장면을 떠올린다. 타닥거리는 불꽃을 바라보며 성들과 기사들과 그들의 용감무쌍한 모험을 상상하던 순간을 떠올린다. 로빈 후드처럼 차려입고, 마법의 힘이 생겨 악당들을 불시에 공격하여 무찌르고, 붙잡히더라도 언제나 빠져나올 수 있을 것만 같았다. 물 위로 입김이 피어오르는 것이 다 보일 정도로 추웠던 어느 날 아침, 큰 수영장에서 수영을 하고 나오자, 내가 방금 퇴원한 사실을 아는 많은 사람들이 내게 완전한 치유와 회복을 의미하는 그 뜻 깊은 순간을 함께 축하해주었다.

그 기억 중 어떤 것이라도 치유의 이미지로 활용될 수 있다. 당신에게는 당신만의 이미지가 있을 것이다. 한번은 꿈속에서 수수께끼 같은 안내자를 만난 적이 있었다. 회색 로브를 걸치고 있었고, 장소는 동양의 시장 같아 보였다. 그는 바닥에 깔아놓은 페르시아 산 러그를 가리키면서 거기 있는 물건들을 알아보겠느냐고 물었다. 전부 내가 어려서 갖고 놀던 장난감이나 추억의 물건들이었다. 은빛 갑옷을 입은 말 탄 기사도 있었고,

구석구석 둘러보는 데 사용했던 마분지로 만든 잠망경도 있었다. 집안 여자들이 대대로 물려받던 진주 알이 박힌 오페라글라스도 보였다. 안내자는 내게 이 물건들 중 한 가지를 고르면—그 물건들에는 어린 시절의 힘과 경이가 담겨 있기 때문에 마법적이다—그것이 큰 목장으로 들어가는 열쇠가 되어줄 것이라고 했다. 그곳에서는 어디든 데려다줄 근사한 말을 요구할 수 있었다. 치유의 장소로 데려가 달라고 할 수도 있었고, 환시를 보는 장소로 데려가 달라고 할 수도 있었다. 그 꿈에서 나는 우리 **모두** 그 마법의 시장으로 가면 우리 자신만의 장소로 가는 길을 찾을 수 있다는 사실을 알게 되었다. 나는 지금까지 상상여행을 인도하며 많은 사람을 마법의 시장으로 안내했고, 그들이 거의 잊힌 어린 시절의 물건 중에서 치유의 문을 열어줄 열쇠를 찾을 수 있도록 도와주었다.

어린 시절의 기억 중에는 영웅이나 만화 주인공에 대한 기억도 있을 것이다. 슈퍼맨, 배트맨, 원더우먼, 로보캅, 킹콩—당신이 좋아했던 주인공은 누구인가? 당신의 상상을 자극한 것이 그 주인공의 초능력이라면, 당신을 흥분시킨 것이 그 주인공이 펼친 용감한 모험여행이라면, 당신은 그 주인공과의 관계를 당신의 면역체계를 강화하고 질병을 물리치는 데 활용할 수 있을 것이다. 더구나 당신은 **새로운** 관계를 형성하지 못할 만큼 나이 들지도, 지치지도 않았다. 텔레비전이 등장한 지 얼마 되지 않았을 때, 종양학자들은 세제광고에 나온 말 탄 백의의 기사가 암 환자들의 상상 속에서—따라서 그들의 몸속에서도—그들을 구원하러 달려와 암세포를 죽인다는 사실을 알게 되었다. 그때 팩맨이 등장했고, 팩맨은 곧 수천 명 환자들의 상상 속에서 암세포를 게걸스럽게 먹어치웠다.

질병을 치유하고 건강을 유지해줄 이미지는 인생의 어느 시기에서 가져와도 괜찮다. 때로는 이런 이미지들을 찾아내고 믿으려면 도움이 필요할 것이다.

그리고 우리에게는 꿈이 있다. 다음은 꿈에서 치유의 이미지를 찾은 예들이다.

대머리독수리의 선물

샌프란시스코에 사는 스텔라는 아침에 일어나 정수리 부근의 머리카락이 밤사이에 한 움큼이나 빠진 것을 발견했다. 두피가 허옇게 드러나 있었다. 진단 결과는 원형탈모증. 이유 없이 갑자기 머리카락이 빠지는 증상이다. 병명이 라틴어일 때는 딱히 정해진 치료법이 없다는 소리를 들은 적이 있어서 그녀는 어쩐지 꺼림칙한 기분을 떨칠 수가 없었다. 증상이 "저절로" 호전될 수도 있지만, 머리카락은 물론 온몸의 털이 다 빠질 수도 있다고 했다.

그녀는 꿈의 안내자를 부르기로 했다. 꿈속에서 그녀는 몸에 별 모양의 부적을 건 고대의 하와이 여성을 만났다. 여성은 스텔라에게 자신이 에너지 치유를 하는 동안 머리 위로 8개의 꼭짓점이 있는 별 장식을 들고 있으라고 했다.

스텔라는 뭔가 좋은 일이 생길 것 같은 굉장한 기분으로 잠에서 깨어났다. 다음 날 그녀는 그 꿈의 공간으로 되돌아가 별을 들고 있는 상상을 했다. 상상 속에서 그녀는 수많은 별들 사이를 날아다니고 있었는데, 이번에는 하와이의 주술사가 아닌 대머리독수리의 인도를 받고 있었다. 그녀는 대머리독수리를 치료의 벗으로 삼겠다고 결심했다. 그녀는 이 웅혼한 맹금이 "대머리" 독수리로 불리지만, 사실은 머리에 하얀 털이 있다는 사실에 주목했다.

스텔라는 날마다 대머리독수리와 함께 치유와 모험과 회생의 장소들로 날아다니는 장면을 상상했다. 그러자 그녀의 머리카락도 다시 자라기 시작했다. 마침내 그녀의 긴 다갈색 머리 한복판이 새하얀 머리카락으로 뒤덮였다. 그녀는 얼마 동안 대머리독수리의 선물을 기념하기 위해 새로 난 흰 머리를 염색하지 않기로 했다.

꿈의 이미지가 선사하는 치유의 힘을 얻으려면 계속 꿈속으로 돌아가 그 이미지를 끌어내야 할지도 모른다. 앞에서도 이야기했지만, 해결책이나 치유를 얻으려면 꿈의 재입장 기법을 활용하면 좋다.

온천까지 헤엄쳐 가다

섬유근육통―만성통증, 경직감, 피로감이 주요 증상이다―을 앓는 한 여성이 아름다운 호숫가에 서 있는 꿈을 꾸었다. 맞은편에서 어떤 여자가 그녀를 손짓으로 부르고 있었다. 호수를 건너가 보고 싶었지만, 너무 멀어서 겁이 나기도 했고, 건너는 것이 죽음을 뜻하는 것 같아 망설여지기도 했다. 꿈의 재입장 기법을 배운 후 그녀는 꿈의 풍경으로 자진해서 되돌아갔다. 그녀는 꿈속에서 호수로 들어가 맞은편까지 헤엄쳐 갔다. 그곳에는 희한하게 생긴 동굴이 보였는데, 그 안으로 들어가니 마사지 룸이 딸린 근사한 온천이 있었다. 그녀를 손짓으로 불렀던 여자가 그녀에게 굉장히 기분 좋고 편안한 마사지를 해주었다. 그 이후로 그녀는 몸의 통증이 많이 완화된 기분을 느꼈다.

그녀는 이제 날마다 그 온천에 가는 상상을 한다. 기분도 좋고 효과도 좋은 치료를 한 푼도 들이지 않고 계속해서 받는 것이다. 그녀는 자신에게는 어떤 통증 치료보다 상상의 치료가 훨씬 효과가 좋다는 사실을 깨닫고 있다.

상상의 치료를 도와주는 보조물

우리는 물리적으로 사회에 적응된 존재이므로 상상을 유도하고 창조된 상상에 대한 신념을 유지하려면 종종 물리적 보조물이 필요하다.

이집트 사람들은 하나의 목적, 이를테면 치유나 보호를 위한 부적이나 마법 물체를 만드는 대가들이었다. 무수히 많은 이집트 사람들이 질병이나 봉변을 당하지 않으려고 매의 머리를 한 호루스 신의 부적을 지니고 다녔다. 뉴욕의 메트로폴리탄 박물관에는 호루스 신이 잘생긴 젊은이로 묘사된 멋진 부적이 전시되어 있는데, 호루스 신은 용감하게 악어를 짓밟으며 질병의 영들을 쫓아버리는 모습으로 그려져 있다.

메트로폴리탄 박물관에는 앙크십자가(생명의 상징) 모양의 이집트 물병도 전시되어 있다. 앙크십자가는 수평적이다. 그 물병에 담긴 물을 마시는 사람은 회복력과 정화력이 있는 물을 마시는 것일 뿐 아니라 생명력의 강한 힘도 들이켜는 것임을 믿어야 한다.

에티오피아 전통의술에서 환자의 상상을 끌어내는 한 가지 방법은 종이나 가죽에 쓰인 글이나 이미지를 몸에 갖다 대는 것이다. 환자는 영적인 도움을 끌어내려고 글이 지닌 마법의 힘뿐 아니라 그 치유의 힘이 살갗을 통해 직접 전이된다는 사실 또한 믿어야 한다.

우리에게는 그런 것들의 현대식 버전이 필요하다. 나는 2005년 11월에 뉴욕 현대미술관에서 열린 전시회를 보러 갔다가 프랑스 태생의 마티유 드한노가 상상의 치유를 목적으로 디자인한 놀라운 도구들을 보고 감명을 받았다. 그가 만든 도구들은 처방에 따른 약물치료가 합병증의 위험 없이 신속하고 바람직한 효과를 내게 상상의 활용을 요구하는 사람들을 위해 디자인된 것이다. 이 도구 중 하나에는 "치료용 펜"이라는 이름이 붙어 있다. 사용법은 펠트 촉을 몸의 적절한 부위에 대고 자신만의 처방을 써 내려가는 것이다. 그렇게 하면서 그 처방이 살갗을 뚫고 몸속으로 들어가는 것을 느끼면 된다.

5

행동하지 않는 상상은 공상일 뿐

 간절히 원하라, 그러면 열린다

‘웨이메이킹waymaking’이라는 표현으로 아름답게 묘사되는, 고대 폴리네시아 항해술의 비밀은 이것이다. 우두머리 항해사 혹은 웨이메이커는 새들의 언어를 할 줄 알고, 별을 보면서 길을 찾고, 바람과 물결의 리듬을 아는 사람이었다. 하지만 무엇보다 그는 목적지를 볼 수 있는 사람이었다. 폴리네시아에 전해지는 이야기에 의하면, 하와이나 이스터 섬의 정착민들이 수천 마일이나 되는 광활한 바다를 지도도, 항해도구도 없이 건너올 수 있었던 이유가 바로 여기에 있었다.

전설에 의하면 이스터 섬을 본 최초의 사람은 꿈의 여행자였다고 한다. 이 이야기가 주는 가르침은 매우 크다. 폴리네시아인들 사이에 잔인한 전쟁이 일어났던 시절, 사제이자 왕족의 문신을 그려주는 사람이었던 하우 마카는 자신의 종족이 터를 잡을 평화로운 땅을 찾아 나섰다. 그는 밤의 환시에서 바다 저편에 있는 라파누이, 즉 이스터 섬을 발견했다. 그는 그 위치를 조사한 후 자신의 종족이 뿌리 내리기에 아주 좋은 터가 될 것이라는 결론을 내렸다. 그는 아침에 왕에게 그가 본 장면을 소상히 고했다. 왕은 하우 마카의 꿈을 믿었으므로 신하들에게 얼른 짐을 꾸려 긴 항해를 떠날 준비를 하라고 일렀다. 하우 마카의 종족은 그가 환시에서 본 것을 제외하고는 한 번도 가보지 않은 장소를 향해 2개월 동안 바다를 건넜다. 그들은 무사히 아나케나 만에 도착했다. 그곳의 정경은 하우 마카가 꿈속에서 보고 묘사한 그대로였다. 이스터 섬의 수수께끼 같은 거석 중에는 꿈의 여행자와 왕의 얼굴도 분명히 있을 것이다.

폴리네시아 항해사들의 경우와 마찬가지로 우리의 꿈도 우리가 간절히 원하는 목적지로 우리를 데려다줄 것이다. 웨이메이킹 기술에 따라 우리도 이제 꿈의 지도를 보고 길을 찾을 수 있어야 할 것이다. 그렇게 함으로써 우리는 꿈이 우리에게 펼쳐주는 기쁨과 풍요의 장소들로 이루어진 공간과 에너지로 재입장하여 우리 자신의 물리적 몸속으로 들어갈 수 있게 된다.

내가 만나야 할 바로 그 사람

학교 선생님인 메리베스는 꿈을 통해 어떻게 영혼의 파트너를 찾게 되었는가에 대한 아름다운 이야기를 들려준다.

"결혼하기 전이었는데, 실연의 아픔에서 회복된 이후 새로운 사람을 만날 마음의 준비가 되어 있을 때였어요. 어느 날 꿈을 꾸었는데 내가 부엌 문간에 서 있었어요. 인간의 형상 같은 것이 나를 마주 보고 있더군요. 이목구비도 제대로 구분할 수 없었어요. 하지만 우리는 팔을 벌려 서로 껴안았어요. 아래를 내려다보았더니 심장이 울긋불긋한 빛을 내며 힘차게 박동하고 있더군요. 그 순간 푸른색 전기코드가 내 심장을 뚫고 들어오더니 나를 내가 껴안은 존재와 연결해주었어요. 그의 심장도 같은 식으로 반응했지요. 우리는 하나가 되었고, 우리의 마음에는 흰 빛과 순수한 사랑의 감정이 가득 넘쳐났어요.

그 느낌이 아침나절 내내 맴돌았고, 그날 온종일 문득문득

223

떠올랐어요. 하지만 사랑과 흰빛이 내 심장으로 들어오기는 하지만 완전히 들어오려고 하지는 않는다는 느낌이 들더군요. 어딘가에서 멈추어서는 꼼짝도 하지 않는 것 같았어요. 퇴근하고 집으로 돌아온 뒤 나는 그 완강한 장애물을 없애고 사랑과 흰빛이 마음속에 넘쳐나게 하려고 그날 밤 다시 꿈속으로 들어갔어요. 처음 꿈속에서 본 심장코드 저편에 연결된 사람을 찾아내는 것을 나의 사명이자 목표로 삼았어요. 이 꿈의 여행에서 나는 전기코드를 꼭 붙잡은 채 거의 헤엄치다시피 해서 있는 힘껏 저편으로 다가가려 했어요.

꿈의 여행에서 돌아온 뒤 처음의 꿈속에서 내 심장이 어떻게 보였는가를 그려보았어요. 붓질을 할 때마다 정신을 집중해서 그림 속에 꿈의 에너지를 주입했어요. 색칠한 내 심장의 중앙에 꿈속의 전기코드를 연결하는 모습을 상상했어요.

그러던 어느 날 새로운 남자친구를 소개받았어요. 이전에 만나던 사람들과 많이 닮은 사람이었어요. 그 꿈 이후로 나는 그 느낌을 잊지 않은 채 내가 그린 그림을 자주 바라보곤 했는데, 그 사람을 보자 꿈속에서 경험했던 감정과는 다르다는 것을 금세 알 수 있었어요. 그래서 그와는 만나지 않기로 했지요.

몇 주 뒤에 샘을 만났어요. 보자마자 이 사람이 내 심장 코드의 저편에 있던 사람인 걸 곧바로 알 수 있었어요. 샘과의 첫 데이트가 있던 날 저녁에 샘은 우리가 만나기로 한 레스토랑에서 먼저 기다리고 있다가, 내가 가까이 다가가자 돌아보며 환한 미소와 함께 팔을 크게 벌렸어요. 그 첫 포옹에서 나는 꿈속의 파트너를 찾았다는 사실을 분명히 알 수 있었어요."

샘과 메리베스는 그로부터 14개월 뒤에 결혼했다. 이제는 샘의 아내가 된 메리베스는 이야기 끝에 한 마디 덧붙였다.

"지금은 강아지 대피와 고양이 레이디버그와 함께 아주 행복하게 살고 있답니다."

♡ 심장 뛰는 삶을 상상하라

인생의 웨이메이커가 되려면 간단하지만, 무엇보다 중요한 다음의 세 단계를 따라야 한다.

우선 마음과 내면의 감각을 진정한 목적지를 향하게 한다. 사소한 일상의 마음, 의식적인 자아의 수준에서만 움직이려 한다면 이 일은 불가능하다. 더 깊숙이, 가슴속 저 아래까지 내려가 더 고차원적인 인도를 청해야 한다.

이렇게 해보자. 가슴에 손을 댄다. 잠시 심장의 박동을 듣는다. 심장이 어떻게 뛰는지 느껴보자. 이제 손을 가슴의 중앙으로, 심장의 중심으로 옮기자. 이곳은 용기가 샘솟는 장소이자 우리의 가장 깊숙한 감정과 나만의 진실이 존재하는 공간이다. 용기는 심장의 특징이며, 용기가 발견되는 곳은 오직 여기뿐이다. 이제 자신에게 물어보자. **심장이 바라는 것은 무엇인가?** 답변은 심장이 하도록 하자. 심장의 중심에서 이미지들이나 인상들이 흘러나오도록 하자. 이 이미지들이 담은 것은 창의적 성취감을 얻거나 소울메이트를 발견하는 것일 수도 있고, 질병이나 구속으로부터 해방되는 것, 풍요와 기쁨의 삶을 사는 것, 이 세상에서 당신이 이루어야 할 신성한 목적을 기억하는 것일 수도 있다. 메리베스나 폴리네시아의 웨이메이커처럼, 심장이 바라는 장소를 찾으면 그곳이 이미 꿈속에서 당신에게 열렸던 장소라는 사실을 뒤늦게 깨달을지도 모른다.

두 번째로, 마음 깊숙이 내재하는 갈망을 당신의 심장이 바라는 충만감을 누릴 수 있는 광경으로 데려가라. 모든 감각을 활용하라. 맛보라. 만져보라. 냄새 맡아보라. 아기의 숨결, 햇빛을 받아 반짝이는 연인의 머리카락, 새로 출간한 책을 한 장 한 장 넘겨보는 기분, 쌀쌀한 저녁에 활활 타오르는 장작 연기,

서핑하면서 물마루를 타는 느낌 같은 것들을. 이 광경을 더 생동적으로 품을수록 당신의 물리적 삶의 핵심 요소들을 드러내는 일에도 더 가까워졌다고 보면 된다. 이 광경을 더 강하고 진지하게 키워나가면 거기에는 인력이 작용한다는 사실을 알게 될 것이다. 가장 어두운 날들에, 스트레스로 괴롭고 마음이 심란할 때, 이 광경은 당신에게 탈출구 이상이 되어줄 것이다. 고통을 헤쳐나갈 수 있도록 당신을 도와줄 것이다.

마지막으로, 이 상상을 마음에 품은 채 날마다 잠시 짬을 내어 중압감과 의무감에 시달리게 하는 일들에서 벗어나 그 광경으로 되돌아가라. 그 광경을 다시 한 번 즐기고, 뭐든 빠진 것이 있으면 보태고 채우라. **이룰 수 있는** 미래의 환상을 키우는 것이다.

이 상상을 마음에 품었다면 가능한 모든 방법으로 그것을 존중하라. 직장이든 집이든 시선이 닿는 곳에 그 상상을 상기시키는 물체나 그림을 놓아두라. 가능하다면 메리베스가 그랬던 것처럼 당신의 상상을 그림으로 그려라. 매주 적어도 한 가지 신체 행동을 취하여 당신의 심장이 바라는 방향으로 움직이면서 우주를 향해 이것이 아주 중대한 일임을 설득하라.

6

꿈꾸는 세계를 스토리텔링하라

더 이상 얽매여 살지 마라

"나는 이미지들의 세상에서 평범한 관광객은 되지 않을 것이다."

프랑스 태생의 소설가 아나이스 닌은 비장한 어조로 이렇게 선언했다.

우리가 되고 싶은 것은 **여행자**다. 패키지여행을 하면서 어디로 가서 무엇을 보라고 일러주는 대로 몰려다니며 사진이나 찍어대는 관광객이 되고 싶지는 않다.

우리는 각본에 따라 움직이는 등장인물로 살고 싶지는 않다.

우리는 그 이상을, 우리 자신의 이야기를 살고 싶다. 일상의 연극뿐 아니라, 우리가 어떤 내용인지 아무 짐작도 못 하고 있을 때조차 항상 우리를 쫓아다니는 흥미진진한 스토리에 따라 살고 싶다.

그리고 이야기의 힘을 이용하여 상황을 개선하는 법을 배우고 싶다.

✳ 왕의 마음을 사로잡은 세헤라자데

파티마 메르니시는 모로코의 하렘에서 보낸 소녀 시절을 회고한 아름다운 글에서 이야기의 힘에 대해 깜짝 놀랄 가르침을 선사한다. 그녀의 글은 서양이나 동양사람 모두가 아는 내용을 다루고 있다. 바로 아라비안나이트라는 이름으로도 널리 알려진 《천일야화》라는 이야기 모음집이다. 파티마가 그 이야기들이 자신에게는 어떤 의미로 다가왔는지, 일반적으로 이슬람 여성들에게는 어떤 의미로 다가오는지를 설명할 때, 서양 사람들은 그 이야기들의 의미를 거의 모르고 있었다는 사실을 깨닫게 된다.

세헤라자데는 잔인한 통치자의 어린 신부가 되었다. 새벽녘에 목을 벤다는 왕의 계획을 늦추려면 그녀는 매일 밤 이야기 물레를 돌려 왕의 마음을 빼앗는 이야기를 지어내야 한다. 왕은 복수심에 사로잡힌 폭군이다. 왕이 그렇게 변한 것은 첫 왕비가 다른 사내와 눈이 맞아 한 침대에 누워 있는 것을 보게 된 이후였다. 왕비 한 명을 죽이는 것만으로는 성에 차지 않았다. 그의 마음속에 자리 잡은 여자에 대한 불신과 분노는 도무지 사그라지지 않았다. 그는 장관에게 왕국의 처녀들을 모조리 잡아오라는 명령을 내렸다. 그러고는 한 명씩 잠자리를 같이한 뒤 곧바로 죽여 버렸다. 이제 남은 처녀는 단 두 명, 장관의 첫째 딸 세헤라자데와 그녀의 어린 여동생뿐이었다. 장관은 세헤라자데가 달아나 주었으면 했지만, 그녀는 자신의 의무를 다할 생각이었다. 그녀의 머릿속에는 상황을 뒤바꿀 만한 계책이 있었다.

파티마는 말한다.

"그녀는 타인들에게 일어난 일들을 말해주는 것으로써 왕의 다친 영혼을 치료하려 한다. 그녀는 그를 머나먼 땅으로 데려가 이국의 방식들을 관찰하게 함으로써 그 자신도 모르고 있던 생소한 내면의 모습에 가까워질 수 있도록 한다. 그녀는 왕이 그 자신이 만든 감옥, 다시 말해 여성에게 품은 그의 강박적인 혐오감을 볼 수 있도록 도와준다. 세헤라자데는 왕이 그 자신의 모습을 볼 수 있다면 마음을 바꾸어 더 많이 사랑할 수 있을 거라고 확신한다."

세헤라자데는 1,001일 밤 동안 계속 이야기를 하면서 왕의 마음을 빼앗았고, 왕은 결국 마음을 바꾸었다. 여자를 죽이려는 그의 욕망도 마침내 사그라졌다.

파티마는 모로코의 도시 페스의 닫힌 사회 하렘에서 어머니로부터 처음 세헤라자데에 관한 이야기를 들었다. 여기서 하렘이라는 단어는 후궁이나 여자노예들의 거처를 뜻하는 것이 아니라, 모든 연령의 여성들이 갇혀 지내면서 인생의 전환점이 올 때마다 종교와 법과 관습에 의해 강제된 경계, 즉 후두드 hudud를 생각해보게 되는 닫힌 남성 지배 사회를 의미한다. 어린 파티마는 세헤라자데에 대해 알게 되자 어머니에게 진지하게 물었다.

"왕을 기쁘게 하는 이야기는 어떻게 하면 배울 수 있나요?"

이것은 우리의 관계—타인과의 관계뿐 아니라 우리 자신과의 관계—와 우리의 세상을 치유하려고 모두가 한 번쯤은 생각해봐야 할 질문이다.

파티마는 다음과 같이 말한다.

"나는 세헤라자데가 많은 서구인에게 밋밋한 이야기들을 연관시켜 감칠맛 나게 들려주는, 사랑스럽지만 소박한 마음씨를 지닌 엔터테이너로 여겨진다는 사실을 알고 깜짝 놀랐다. 우리 사회에서 세헤라자데는 용감한 영웅으로 여겨지며, 드물게 신화적 인물이 된 여성이다. 세헤라자데는 인간 존재에 대한 심리적 지식을 이용하여 인간을 더 빠르게 걷고 더 높이 도약하게 하는 전략가이자 유력한 사상가이다. 살라딘이나 신드바드처럼 그녀는 우리의 마음에 더욱 큰 용기를 심어주고, 우리 자신과 세상을 바꿀 수 있는 우리의 능력에 더욱 큰 자신감을 불어넣어 준다."

자신의 목숨과 한 인간의 영혼을 구하려고 세헤라자데는 매일 밤 새로운 이야기나 연속적인 이야기의 또 다른 에피소드를 생각해내야 한다. 결국, 이 일은 그녀에게 순전한 기쁨의 원천이 되었으며, 이제 그녀가 이야기를 만들어내는 것은 절박함 때문이 아니라 즐거움 때문이다.

우리에게도 그녀가 놓인 상황에서 우리 자신을, 그리고 치유와 창의성에 대한 우리의 잠재력을 깨달을 능력이 있다.

인생의 가장 어두운 시기를 통과할 때 이야기는 우리에게 그것을 이겨나가는 힘을 준다. 우리는 신화적으로 구성된 이야기에서, 또는 민속적인 무언가에서 우리 자신을 인식할 수 있다.

태양의 여신 아마테라스

내가 좋아하는 치유의 이야기 중 하나는 일본의 것이다. 그이야기는 영혼의 상실과 영혼의 회복에 관한 것으로, 나는 때때로 그 마법의 힘으로 과거의 수치감이나 학대로부터 치유받을 필요가 있는 여성들을 감싸준다. 그 이야기는 여신이라해도 생기를 잃을 정도로 상처받을 수 있음을 일깨워준다.

태양의 여신 아마테라스는 성난 남성을 상징하는 폭풍 같은 남동생 스사노오에 의해 수치와 학대를 당한다. 스사노오는 괴물을 무찌를 때는 영웅이지만 가정에서는 결코 영웅이라 할 수 없다. 아마테라스와 스사노오는 8명의 아이를 낳았는데, 아이들은 그들이 서로에게 준 선물에서 마술처럼 태어났다. 여자아이 셋은 스사노오의 칼에서 태어났고 사내아이 다섯은 아마테라스의 보석에서 태어났다. 하지만 스사노오는 아마테라스가 비옥하게 일구어 곡식을 걷어 들이는 땅을 배설물로 더럽히거나 다른 여신들과 함께 모여 베를 짜고 있을 때 여신에게 신성한 것으로 여겨지는 말을 던지는 등 상황을 엉망으로 만들어버린다. 폭풍의 신 스사노오의 포악함이 참기 어려울 만큼 심해지자 아마테라스는 동굴에 들어간 채 밖으로 나오지 않는다. 그때부터 세상에는 햇빛이 사라진다.

한때 찬란한 빛을 쏟아내던 여신은 어두운 동굴에 틀어박혀 지나간 일만 생각하며 점점 죄의식과 수치심에 빠진다. 어쩌면 지금까지 일어난 모든 일은 자신의 잘못이라고, 자신이 배우자를 결정적으로 실망시켰고 배우자가 원하는 것을 주지 못했다고 자책했을지도 모른다. 그녀는 내면의 빛을 잃었고, 세상은 그녀의 광채를 잃었다.

무수히 많은 신과 여신들이 태양을 다시 불러내려고 필사적으로 노력한다. 그들은 아마테라스를 어두운 동굴에서 꾀어내려고 온갖 술책을 시도한다. 그들은 '생각의 보유자'라는 이름의 지혜로운 신을 찾아가 충고를 청한다. 지혜의 신은 좋은 생각이 있어도 대체로 혼자서만 간직했지만, 세상의 어둠과 추위는 그에게도 그냥 넘겨버릴 수 없는 문제였다. 그래서 그는 다른 신들에게 믿을 만한 수탉들을 전부 모아 새벽녘에 한꺼번에

울게 하라고 충고한다. 그런 다음 동굴 입구에 보석으로 된 줄
에 매단 거울을 나뭇가지에 걸어놓으라고 한다. 신들은 그 이
유를 충분히 이해하지 못한 채 그의 말에 따르면서 형형색색의
천 조각들로 나뭇가지를 장식한다.

수탉들이 울자 신들은 와아 함성을 질러댄다. 그러나 태양의
여신은 동굴에서 꼼짝도 않는다.

그때 아마테라스의 여동생인 우즈메 여신이 한 가지 계책을
떠올렸다. 우즈메는 환희와 환락의 여신이다. 위대한 설득자,
또는 하늘을 감동시킨 여인으로도 불린다. 그 이유가 이제 밝
혀질 것이다. 우즈메는 동굴 입구의 통을 뒤집어엎어 그 위에
올라가 무희처럼 옷을 벗으며 색정적인 춤을 추었다. 신들은
떠들썩하게 웃고 즐겼다.

아마테라스는 호기심이 생겼다. 뭐가 그렇게 재미있는 거지?
그녀는 동굴 입구로 다가가 무슨 일인지 물어보았다.

우즈메가 대답했다.

"언니에게 어울리는 완벽한 연인을 찾아냈어요. 얼른 나와
보세요."

아마테라스는 믿기지 않았지만 궁금함을 이기지 못하고, 세
상을 차단하려고 스스로 막아 놓았던 커다란 돌덩이를 살짝 밀

어내고 동굴 밖을 엿보았다. 그 순간 그녀는 거울 속에서 자신을 마주 쳐다보는 찬란한 모습에 마음을 빼앗겼다.

그녀는 자신의 아름다움에 저항하지 못한 채 어두운 동굴 밖으로 나와 그 찬란한 존재가 다른 신들이 동굴 근처의 나무에 걸어놓은 거울에 비친 자신의 모습이라는 사실을 깨달았다.

그러자 힘의 신이 달려와 아마테라스가 동굴로 다시 들어가지 못하도록 부드럽게, 그러나 힘껏 붙잡았다. 다른 신들은 동굴 입구를 마법 밧줄로 막았다. 열정과 기쁨의 신들은 아마테라스를 다시 신들의 회합에 데려갔고, 아마테라스의 빛도 세상으로 되돌아왔다.

이 놀라운 집단적 꿈에서 영혼의 회복과 영혼의 치유는 우리가 거울을 통해 더 큰 자아를 볼 수 있도록 서로 도와줄 때 가능해진다. 오늘날에도 아마테라스 신전에는 거울이 걸려 있어 우리 안에 머무는 신이나 여신을 바라보라고 일깨워준다. 우리가 아마테라스의 이야기를 우리의 삶 속에 껴안을 때, 우리는 더 큰 자아의 광채를 밝혀줄 거울을 만들어 우리 자신과 우리가 사랑하는 사람들을 어두운 장소에서 빛 속으로 끌어낼 수 있을 것이다.

📖 흥미진진한 스토리를 만들자

　인류가 남긴 이야기에는 7가지 기본적인 테마가 있다고 한다. 36가지 혹은 62가지라고 주장하는 사람도 있고, 어떤 사람은 단 한 가지만 있을 뿐이며 다른 이야기는 그 이야기의 변종이라고 주장하기도 한다. 에니어그램에서는 9가지의 성격 유형이 있다고 말하고, 또 다른 검사에서는 6가지의 성격 원형이 있다고 말한다. 타로에는 22장의 메이저 아르카나 카드와 16장의 페이스 카드가 있다. 그 모든 것이 우리가 우리의 성격에 따라 살아가는 삶의 이야기들을 비추는 거울인지도 모른다. 그리스 사람들은 "에토스 안트로포이 다이몬Ethos anthropoi daimon"이라는 말을 한다. 이를 "성격은 운명이다"라고 풀어 말한다. 하지만 그 말에는 그 이상의 뜻이 내포되어 있다. 현대적 사고로는 정확히 이해하기 어려울지 모르지만, 꼭 한 번 짚고 넘어가야 할 것이다. 그 말인즉, 성격은 우리가 경험하게 될 사건들을 드러내고 집행하는 개인적 다이몬—악마 아니면 천사—이라는 뜻이다.

　나는 7가지 보편적인 이야기가 있는지, 그 이상 혹은 그 이하가 있는지는 모르겠지만, 이 사실만큼은 믿는다. 우리는 저마다 자신만의 특별한 이야기, 영혼의 목적에 대한 이야기를 상기하며 살아가야 한다는 것이다. 그 이야기는 또 다른 별, 혹은 깊은 바다, 혹은 땅의 귀중한 지혜에 기원을 둔 것인지도 모른다. 그 이야기는 다른 이야기들—신화나 전승문학으로 기억된 이야기들, 혹은 우리가 어디선가 만났던 사람이나 (운이 좋았다면) 지속적으로 만날 이유가 있는 사람들, 우리가 치유하여 문제를 해결해줄 이유가 있는 사람들의 꿈 이야기들—과 어느 지점에서 만날지도 모른다.

그런 흥미진진한 스토리 중 하나는 "잊어버린 계약의 꿈"이다. 성공 가도를 달리고 있던 한 사업가가 꿈에서 한 방문자를 맞이했다. "순수한 크리스천"의 성품을 지닌 그 남자는 문을 두드리며 "내 아버지의 집에서 왔노라"고 선포했다. 방문자가 "당신과 신이 맺은 계약은 어떤 것입니까?"라고 물었을 때 그는 몹시 놀랐다. 잠에서 깨자 그는 뼛속까지 흔들리는 기분이 들었다. 가슴 깊숙한 곳으로부터 그동안 잊고 살았던 삶의 신성한 계약을 다시 상기하고 존중해야 할 때라는 깨달음이 들었다. 그는 계속해서 사회적 성공을 위해 노력하는 한편 이제는 더 심원한 세상의 의무를 다하면서 주변 사람들의 인생에 더 좋은 영향을 미치기 위해 노력하고 있다.

잊어버린 계약의 꿈은 우리를 깜짝 놀라게 하는 흥미진진한 스토리 중 하나다. 이 특별한 테마의 기원은 신화와 성전, 민간 전승의 이야기들까지 거슬러 올라간다.

허점이 많았겠지만 돌이켜보면 내 삶에서도 하나의 중심 테마에 대한 14가지 이야기들을 찾아볼 수 있다. 거울들을 통해 그 이야기들을 들여다본다. 각각의 거울마다 생생한 장면들을 비춰낸다. 거울들은 안뜰의 담벼락에 걸려 있으며, 그 모든 이야기들의 한복판인 연못 속에 중심인물이 존재한다. 그 중심인물은 별개의 이야기들을 연결해주는 테마이자 아이덴티티다. 그 거울들이 있는 장소에 돌아가 이 14가지 이야기와 그 모든 이야기들의 핵심을 되새길 때 하루하루 닥치는 난관을 이겨낼 용기와 목적을 발견할 수 있음을 나는 잘 안다.

우리 자신의 신화와 우리의 더 흥미진진한 이야기들을 기억하고 그에 따라 살아가려면 더 큰 힘이 필요하다. 우리가 말해야 할 이야기들, 우리가 살아가야 할 이야기들은 어디에서 찾을 수 있을까?

꿈속에서, 그리고 우연을 통해 찾을 수 있다. 또한 항상 간직해야 할, 무엇보다 소중한 우리의 개인적 일지를 될 수 있는 대로 하루도 빠짐없이 기록함으로써 찾을 수 있다.

현재 일지를 쓰고 있지 않다면 바로 지금이 일지를 쓰기 시작해야 할 때다. 적당한 공책을 찾아 당장 쓰기 시작하라. 지금이 가장 좋은 때다.

무엇에 관해 쓸까?

떠오르는 것이면 무엇이든 좋다. 하늘의 색깔, 청소차의 소음, 혀끝에 감도는 맛, 지금 앉은 자리에서 보이는 물건들, 뭐든 좋다. 한두 페이지 가득 채워 써보자. 일지를 쓰는 일에 습관을 들이고 나름의 리듬에 적응할 때까지 일정한 분량을 정해놓으면 더욱 도움이 될 것이다. 공간을 채워나가다 보면 다음 두 가지 일이 동시에 일어나는 것을 알게 될 것이다.

첫째, 당신은 스스로가 파악하고 있는 것보다 훨씬 할 이야기들이 많으며, 결과에 대한 뚜렷한 의식 없이 이런 식으로 글을 쓰는 것이 엄청나게 재미있다는 사실을 깨닫게 된다.

둘째, 빈 페이지 혹은 빈 컴퓨터 화면에 글자들을 채워 넣다 보면 당신이 실제로 사파리 여행을 하고 있다는 기분이 들 것이다. 일지를 쓰는 것은 숲 속을 산책하는 것과 같다. 더 길게 쓸수록 안전한 장소나 사람들의 왕래가 잦았던 길과는 더 멀어진다. 이제 당신은 야생의 들판에 들어선다. 야생의 들판에 숨어 있던 거대하고 힘센 무언가가 덤벼들지도 모른다. 당신은 이제 촉각이 곤두선 이완의 상태에 놓여 있다. 이것이 흥미진진한 스토리를 얻는 과정이다. 당신을 통해 말해지고 체험될 그런 이야기 말이다. 흥미진진한 스토리가 당신을 붙잡을 수 있는 곳으로 가라.

흥미진진한 스토리에 붙들리는 순간 당신은 굉장한 기분을 느낄 것이다. 장담한다.

그대만의 정원에서 상상하라

하얀 담에 난 초록색 문, 그 주변에 늘어진 진홍색 아메리카 담쟁이 덩굴, 당신은 문을 연다. 문은 잠겨 있지 않다. 실내로 들어가니 숨 막힐 듯 아름다운 정원이 나타난다. 아름다운 친구가 손을 잡고 연한 자줏빛 로브를 입은 지혜로운 여성에게로 당신을 이끈다. 그 여성은 당신의 인생이 기록된 책을 보여준다. 책에는 그림들이 있고, 그림 속 장면들은 모두 생생히 살아 있다. 담 너머 정원에서 당신은 "신기함과 행복감"을 아는 어린아이다. 또다시 어른의 세상으로 던져져 학교에 다니고 돈을 벌고 출세를 한다 하더라도 당신은 여전히 초록색 담 뒤편 세계의 아름다움과 마법에 매료되어 있다. 이따금, 이를테면 평소 다니지 않던 길에 있을 때나 길을 완전히 잃었을 때, 당신은 그 문을 다시 만나게 된다. 그러나 당신에겐 지켜야 할 약속이 있고, 마감 시간이 있고, 당신을 이해하려 들지 않는 친구들이 있다.……그래서 당신은 그 초록색 문을 계속 스쳐 지나고, 그러다가 결국에는 "예리함과 총명함"이 당신의 삶에서 빠져나가고 만다. 지금까지 공들여온 일을 성취하겠다는 욕구 또한 상실한다.

《타임머신》이라는 SF소설로 유명한 H. G. 웰스는 《벽에 난 문》이라는 놀라운 단편소설에서 이 진정한 상상의 공간을 환기시킨다. 우리는 이 이야기를, 그리고 그것이 생생히 되살려내는 세상을 유치한 판타지의 산물로 간주해버리지만, 그렇게 하는 것은 지독히 잘못된 일이다.

우리에게는 저마다 상상의 장소가 있다. 아마도 수두룩할 것이다. 그곳은 완전히 현실적인 장소다.

내 경우에는 산을 구불구불 뚫은 굴 길이 그런 장소 중 하나다. 졸졸 물소리가 들리는 좁은 길을 따라 꽃들의 정원을 통과하면 저편에 굉장한 건물이 나온다. 무수히 많은 건축양식이 어설프거나 산만하지 않게 잘 결합한 멋진 건축물이다. 그곳에는 문지기가 지키고 있다가 누군가가 새로 오면 이렇게 묻는다.

"지금 정확히 몇 시인가요?"

그 문을 통과하면 다양한 문화와 시대의 예술과 유물들로 가득 채워진 갤러리가 나온다. 그 물건 중 하나를 만지면 그것이 만들어진 장소로 이동하게 된다. 그 집의 이름은 '시간의 집.' 깊숙이 들어가면 저 안쪽에 도서관이 있다. 그곳에서 나는 한 번도 지루함을 느껴본 적이 없다. 책을 펴면 언제나 또 다른 세상이 펼쳐진다. 사서는 상냥한 학자의 모습이지만, 이따금 벽에 비친 그의 그림자는 긴 부리 따오기의 옆모습으로 보인다. 나는 이곳에 자주 온다. 다른 사람들도 많이 데려왔다. 뭔가 필요할 때, 큰 용기가 필요할 때 우리는 이곳에서 자기만의 '인생의 책'을 자세히 살펴볼 수 있다.

정말 운이 좋다면, 우리는 물리적 세상을 여행하면서 경이의 장소로 통하는 문과 마주칠지도 모른다. 글로스터셔에 가면 그런 장소가 있다. 무성하게 넝쿨 진 장미꽃 아케이드를 통과하면 전원주택이 나오고, 그 뒤쪽으로 돌아가면 폭신한 벽돌 담에 정원으로 들어가는 문이 나 있다. 그 문을 열면 울긋불긋한 초록의 숲이 펼쳐진다. 너도밤나무가 말을 할 줄 알고, 진화의 질서에서 인간보다 더 오래된 또 다른 존재들이 분주하고 다채로운 삶을 살아가는 곳이다.

당신의 내면에서 "신기함과 행복감"을 아는 아이가 사라졌다면 당신은 그들을 보거나 그들의 이야기를 들을 수 없다. 초록 문을 잃어버린 것과, 초록 문을 열었지만, 상상의 힘을 잃었기 때문에 저편에 가서도 특별한 것을 발견하지 못하는 것 중 어느 상황이 더 서글픈지는 모르겠다.

진정한 상상의 영역은 아라비아어로 알람 알 미탈_{Alam al-Mithal}, 즉 "이미지의 영역"으로 알려졌다. 중세의 수피스승인 이븐 아라비에게 이 영역은 영적인 존재가 "출몰하는 장소"로 여겨진다. 더 고차원적인 개념과 감각 데이터가 "만나 영적 사건들을 받아들일 준비가 된 인간의 형상들로 꽃피는" 곳이다. "신성한 역사," 즉 사건들의 감춰진 질서가 전개되는 곳이다. 우리는 우리 주변의 물리적 세상에서 벌어지는 일들이 더 중요하다고 생각하지만, 진정한 이야기는 여기 이곳의 더 큰 무대 위에서 펼쳐지고 있다.

알람 알 미탈에는 도시와 학교와 궁전이 있다. 그는 이곳에서 스승들을 만난다. 코냐에서 이븐 아라비의 가르침을 받은 한 수피는 상상의 영역으로 떠나 위대한 스승들을 만나는 능력을 다음의 말로 표현했다.

"우리의 수장 이븐 아라비는 이 세상을 떠난 모든 예언자와 성자의 영혼을 만나는 힘을 가진 사람이었다. 그들을 이 세상에 내려오게 하여 그들 자신의 감각적 형태와 유사한 허상의 몸을 가진 모습으로 그들을 명상할 수도 있었고, 그의 꿈속에 나타나게 할 수도 있었다. 또는 물질적 육신에 묶여 있던 자신을 풀어내어 그들의 영혼을 만나러 올라갈 수도 있었다."

다음은 **영적** 체험의 위대한 전통에서 확인된 사실이다. 저마다 내면에 존재하는 "신기함과 행복감"을 아는 아이는 벌써 알고 있던 사실이다. 바로 상상의 장소는 존재하며, 그 장소는 전적으로 실재하는 공간이라는 사실이다.

8

백만 불짜리 즐거움, 함께 즐겨라

🚙 나만의 목적과 비전이 있는가?

주위를 둘러보라. 친구와 직장동료, 그리고 이웃을 둘러보라. 꿈이 필요한 사람은 몇 명이나 되는 것 같은가? 꿈은 자기치유의 이미지, 목적감과 자신감, 더 찬란한 가능성에의 비전일 수 있고, 심지어는 저세상으로 가는 길일 수도 있다.

우리에게는 비전이 부족한 누군가를 위해 비전을 키워줄 능력이 있으며, 이 일을 흡족하게 해냈을 때, 그래서 우리가 제공하는 이미지가 수혜자의 마음과 내면의 감각들 속에 자리 잡게되었을 때, 우리는 세상에 좋은 일을 한 것이다. 이 비전의 전이를 한 번에 한 사람씩 할 수도 있고, 그룹 전체나 커뮤니티 단위로 할 수도 있다. 위대한 비전을 가진 지도자는 모든 사람을 자신의 비전으로 껴안을 수 있다. 윈스턴 처칠이 가장 암울했던 2차 대전 당시에 그랬던 것처럼.

비전의 전이는 어떻게 시작하면 될까?

누군가 도와주고 싶은 사람이 있다면 그 사람과 함께 있는 장면을 그려보라. 병에 걸린 사람일 수도 있고, 우울증에 걸린 사람, 실연의 아픔으로 괴로워하는 사람, **큰** 꿈을 포기해버린 사람일 수도 있다. 타협과 실망이 누적되어 그 무게감에 탈진한 사람일 수도 있다.

그들에게 올바른 비전을 보여주고 싶다면, 당신은 그들이 누구인지, 어디에 있는지, 어떤 식의 도움이 있어야 하는지 이해하고 있을 필요가 있다. 당신의 생각을 억지로 주입하는 것이 아님을 명심하자. 당신이 할 일은 그들 자신의 기회가 힘을 얻고 치유되고 고무되는 것을 그들 자신이 충분히 알 수 있도록 해주는 것이다. 그 출발점은 당신이 전적으로 현존하는 존재임을 그들에게 알려주는 것이다. 그러려면 **관심**이 필요하다.

"관심을 기울인다"는 것은 이해를 확장하는 것이다. 이는 타인을 지켜보고 그의 말에 귀 기울이는 것을 의미할 뿐 아니라

248

앎의 수단을 확장하는 것을 의미한다. 그렇게 되면 당신 자신의 감정과 에너지의 이동, 그 찌릿한 느낌, 그리고 당신의 삶에서 비롯한 기억들을 포함하여 "불쑥불쑥" 떠오르는 소소한 인상들에도 관심을 돌릴 수 있게 된다. 때로 우리는 타인이 현존하는 가운데 우리를 찾아오는 개인적인 기억들을 통해 우리가 알 수 **없을** 거라고 여겨왔던 사실들을 알게 된다. 타인의 현존 가운데 우리를 찾아오는 개인적인 기억들이 반드시 우리에 관한 것일 필요가 없다는 사실을 깨닫기만 하면 우리는 이를 일상적 직관의 매우 실용적인 형태로 받아들일 수 있다. 나는 "우리가 알고 있다는 사실을 우리가 모른다는 것을 우리가 알 수 있는 표시는 무엇인가?"라는 말을 즐겨 하는데, 이 현상이 바로 그 한 예가 될 것이다.

비전의 전이를 시도할 준비가 되었다면 내가 염두에 둔 수혜자에 대해 두 가지 정보, 그러니까 그 사람의 목적과 그 사람이 간직한 그림을 알아야 한다.

공식적인 환경에서 일하건, 비행기 안에서 생면부지의 사람과 잡담을 나누건, 나는 그들의 목적을 알아내고자 이렇게 질문한다.

"이 순간 당신의 인생에서 도움이나 인도가 필요하다면 그것은 무엇일까요?"

명확한 답변을 얻으려면 시간이 걸린다. 어쩌면 적당한 단어를 찾아낼 수 있도록 당신이 도와주어야 할지도 모른다. 답변은 명쾌하고 간단해야 한다. "치료를 받는 데 도움이 필요해요." "어떤 삶을 살아야 할지에 대한 인도가 필요해요." "가족을 먹여 살릴 뭔가 창의적인 일이 필요해요." 이런 것들이 명쾌하고 간단한 목적 진술의 좋은 예다.

다음으로, 그 목적을 깊이 생각할 때 떠오르는 그림이 있는지 물어보자. 삶의 기억, 꿈, 영화의 한 장면, 무엇이든 그 본질이 담겨 있는 것이라면 괜찮다. 그 그림이 당신에게는 그 사람의 상상의 공간으로 들어갈 수 있는 문이 될 것이다. 그 그림을 상상 여행의 출발점으로 삼아 그들을 위한 비전을 키우기 시작하면 당신이 가고자 하는 곳이 올바른 영역이라는 사실을 분명히 알 수 있을 것이다.

그 두 가지 것—목적과 그림—에 더해서 이완된 각성 상태로 들어가 상상을 좋은 목적으로 활용할 수 있는 당신의 능력을 보탠다면, 당신은 타인을 위해 꿈을 키워나갈 준비가 된 것이다. 목표는 그들의 필요에 알맞은 비전을 떠올려 그들을 치유와 권능의 장소로 데려가는 것이다. 그 비전은 현재의 문제를

뛰어넘을 만큼 강한 힘을 부여하는, 새롭고 강력한 것이어야
한다.

나 자신이 직접 해본 비전 전이의 예를 몇 가지 들어보겠다.

 ## 산불에서 살아남은 삼나무처럼

자궁절제 수술을 한 뒤 도온은 "내장이 빠져나간" 기분이 들
었다. 그녀는 모든 수준에서 치유가 필요했다. 그녀에게 필요
한 이미지는 그녀의 몸에서 즉시 알 수 있었다.

"속에 검은 구멍이 있어요. 시커멓게 타들어가서 그 구멍에
서는 아무것도 자라지 않아요."

내가 그 이미지 속으로 들어가자 그곳은 내가 아주 잘 아는
자연의 공간이 되었다. 나는 산불에서 살아남은 거대한 캘리포
니아 아메리카삼나무의, 속이 움푹 파인 시커멓게 탄 공간에
들어가 있었다. "속이 비었지만" 그 거대한 나무는 원기 왕성
하게 살아 있었고, 초록색 가지를 높이 뻗어 올리고 있었다. 그
공간은 신성한 공간이 되어 있었다. 산불로 그 나무에는 노래
와 이야기를 벽면마다 특별한 음향으로 튕겨내는 작은 원 크기

의 방이 만들어진 것이다.

나는 나무가 그녀의 몸처럼 보였던 이 비전을 그녀에게 말해주었다.

"당신이 신성한 공간이 되어 있었어요."

나는 내 비전에서 그녀의 마음에 드는 부분에 그녀를 초대하여 그녀 자신의 방식으로 그 비전을 다시 말하게 하고 그것이 자신의 비전임을 주장하도록 했다. 그러자 그녀는 자리에서 일어나 나뭇가지처럼 팔을 뻗고는 느닷없이 노래를 부르기 시작했다.

그녀는 아메리카삼나무 이미지를 날마다 명상했고, 그 비전—참된 이미지로서의—은 곧 제 나름의 인생을 살아가기 시작했다. 그녀는 어느 날 시커멓게 탄 방으로 들어갔다가 그곳이 피닉스의 둥지가 된 것을 보았다. 그녀는 스스로 찬연한 날개를 펼치고 고통과 상실의 잿더미에서 날아오르는 것을 보았다.

🕐 벚꽃의 시간

찰스와 마리 부부는 별거 상태였지만 재결합을 하면 망가진 관계를 회복할 가능성이 있는지 알고 싶어 했다. 그들도 한때는 열정과 사랑이 넘치는 관계였으나 이어지는 사업 실패로 걸핏하면 싸우다가 엉망으로 변해 있었다. 나는 두 사람 모두에게 깊은 의미를 가지는 이미지를 조심스레 탐색하기 시작했다. 무수히 많은 꿈과 기억들을 검토한 뒤 그들은 결혼식 날의 찬란한 봄의 흐드러진 분홍빛 벚나무 아래 함께 서 있는 아름다운 이미지로 합의를 보았다.

　나는 상상의 나래를 펼쳤다. 그들은 서로 떨어져 있었고, 결혼식의 벚나무는 담 옆에 서 있었다. 그들은 문을 가운데 두고 맞은편에 서 있었다. 문은 양쪽에서 다 닫혀 있었고, 찰스와 마리가 각자 가진 열쇠를 넣고 동시에 돌릴 때만 열릴 수 있다.

　이는 해결보다는 명료한 인식을 위한 비전이다. 그들은 그 이미지를 통해 그들이 다시 합치면 어떤 모습으로 살아가야 할지를 명확히 이해할 수 있었다. 과거에는 균형이 맞지 않는 관계였을지 모르지만, 이제는 각각 독립적인 의지로 선택하고 행동하는 완전히 동등한 파트너가 되어야 했다. 두 사람은 또한 그들이 재결합한다면 가장 좋은 시기는 벚꽃이 한창인 봄일 거라고 느꼈다.

셰익스피어의 새 희곡

에릭 울프는 내 세미나에 참가했던 재능 있고 공감적인 맨해튼 출신의 정신요법가다. 그는 친구이자 클라이언트인 벅이 암으로 죽게 되자, 그가 용기와 품위를 지닌 채 죽음을 맞을 수 있도록 도와주는 비전을 키웠다. 에릭은 그 일에 관해 내게 편지를 보내왔다. 암센터에 입원한 친구 옆에 앉아 그의 허락 하에 자신의 꿈 이야기를 들려주었다는 내용이었다.

"나는 침대에 누워 있는 친구 옆에 앉아 손을 꼭 잡고 꿈 이야기를 들려주었습니다. 그는 눈을 감더니 머리를 약간 들고는 내 말을 귀담아듣더군요.

그가 훌륭히 활용할 수 있었던 죽음의 꿈은 이것입니다.

벅은 죽음의 침상에 누워 있습니다. 나를 포함한 가까운 친구들이 그의 옆에 둘러앉아 있습니다. 우리는 함께 셰익스피어의 희곡을 낭독하고 있습니다. 우리가 낭독하는 사이에 벅은 저편으로 건너갑니다. 벅이 도착하자 한 무리가 그를 환호하며 반깁니다. 그는 그랜드홀로 안내되고, 그곳에서 한 사람 한 사람씩 같이 춤을 추다가 마침내 홀의 앞쪽에 다다릅니다. 그곳에는 그의 부모님도 계십니다. 부모님은 그를 보자 기쁘게 반기는 한편 그를 매우 자랑스럽게 여깁니다. 그들은 그를 명예 손님으로 받아들여 모두의 얼굴이 바라보이는 주빈석에 앉힙니다. 모여 있던 사람들이 양쪽으로 갈라지며 길을 내자 그 자리에 윌리엄 셰익스피어가 서 있습니다. 셰익스피어가 모자를 벗고 절하며 말합니다. '벅, 당신을 위해 최신 희곡을 소개하니 즐기기 바랍니다. 연극이 끝나면 나와 함께 걸으면서 당신의 의견을 말해주면 영광이겠습니다.'

연극이 끝난 뒤 셰익스피어와 벅은 팔짱을 끼고 함께 퇴장합니다."

벅은 이 비전을 무척 좋아했고, 얼마 안 있어 평화롭게 숨을 거두었다. 그리고 얼마 후 새 친구들에 둘러싸인 모습으로 에릭의 꿈속에 나타났다.

나의 비전을 그에게 투사하라

비전의 전이는 투사와 관련된 일이다. 이는 분명한 사실이다. 우리는 흔히 일상에서 무의식적으로 타인에게 부정적인 가치나 기대감을 투사하지만, 의식적으로 즐겁고 치유적인 가능성을 투사하겠다고 선택할 수도 있다. 이것은 마인드컨트롤 훈련이 아니다. 타인에게 강제로 비전을 투사하려는 것도 아니다. 우리가 바라는 것은 그들이 활용할 수 있는 이미지를 그들이 선택해 그들의 스타일에 맞도록 바꾸는 것이다.

타인에게 전이될 수 있는 비전의 재료는 어디에서 찾을 수 있을까? 그 사람이 가진 이미지들을 탐색할 때, 그리고 그 이미지들을 뛰어넘을 때 찾을 수 있을 것이다. 에릭은 친구가 셰익스피어를 좋아한다는 사실에서 그 이미지를 찾아냈다. 우리는 그 이미지에 우리 자신의 꿈이나 기억들을, 그리고 우리 내면의 "신기함과 행복감"을 아는 어린아이에게 존재하는 **뭔가 만들어내는** 능력을 보태어 길이 스스로 나타나게 할 수 있다.

9

황금알을 낳는 거위로 살자

마음으로 고통을 덜어주는 상상을 해보자. 이 능력을 계발하면 치과 치료를 받을 때 약물을 쓰지 않고도 견딜 수 있다. 수술용 메스 없이도, 따라서 피의 손실 없이도 수술받는 상상을 해보자.

믿을 수 없을 정도로 당신을 작게 만들어, 당신이 몸속을 돌아다니며 손상된 세포조직을 복구시키고 내부 흐름의 균형을 되찾는 상상을 하라.

시간을 거슬러 어린 시절로 되돌아가서 어린 당신이 시련을 당하고 수치심을 느끼는 순간에, 아니면 끔찍한 실수를 저지르기 직전에 필요한 조언과 충고를 해준다고 상상하라.

더 고차원적인 인식 수준에 다다라 당신 자신과 더 고차원적인 대화를 나누면서 당신이 지금까지 있는 곳에서는 어찌할 도리가 없어 보였던 온갖 문제들에 대해 더 지혜로운 관점을 얻은 뒤 당신이 지금 가야 할 곳으로 데려다줄 로드맵을 구해서 돌아오는 상상을 하자.

지금까지 여자가 한 번도 대통령이나 총리가 된 적이 없었던 국가에서 여자 대통령이나 여자 총리가 나오는 것을 상상하자.

조상의 몸속이나 마음속으로 여행하는 상상도 가능하다. 생물학적 조상이어도 좋고 다른 시공에 사는 영혼의 조상이어도 좋다. 그들이 더 현명한 선택을 할 수 있도록 도와주어 당신의 현재 삶에 보탬이 될 힘의 선물을 받아내자.

당신이 맺은 영혼의 계약—현재의 삶 속으로 뛰어들기 전에 동의했던 가르침이나 과업들—을 되돌아볼 수 있는 장소로 가는 상상을 하자. 이를 통해 당신은 진정한 삶의 사명을 상기하고 완수할 수 있다. 아침마다 시간을 내어 서로 꿈을 공유하고, 우연의 게임을 하고, 밤사이나 출근길에 누구 다른 사람에게 혁신적인 해결방안이나 흥미 있는 아이디어가 떠오르지는 않았는지 확인하기 때문에 더는 해가 되지도 않고 스트레스로 뻗어버릴 일도 없는 일터를 상상하자.

나는 상상의 힘을 통해 이 모든 일들이 이루어지는 것을 보았다. 상상할 수 있는 것이라면 우리의 몸과 우리의 세상에서도 현실이 되는 경향을 보인다. 시드니에서 '열린 마인드, 바디, 스피릿 페스티벌'을 마치고 우리가 플랫폼을 떠날 때 푸른색 프록코트 위로 내려올 만큼 턱수염을 길게 기른 번햄 번햄이라는 이름의 위엄 넘치는 토착민 치유사는 내 손을 잡으며 말했다.

"친구여, 당신도 나와 같은 영혼의 사람인 듯하니 당신에게 뭔가를 보여주겠소."

그는 나를 구석으로 데려갔다.

"손을 내밀어 보시오."

내가 손을 내밀자 그는 내 손바닥에 다트처럼 생긴 물체 2개를 얼른 올려놓았다.

"무엇인지 알겠소?"

"당신의 뼈 같군요."

사실 그중 하나는 날카롭게 깎은 해마의 뼈였고 나머지는 멀가 나무를 깎아 만든 것이었다.

토착민 장로의 눈이 보석처럼 빛났다.

"그렇다면 이것을 이용해 죽이거나 치유할 수 있다는 사실도 알겠군요. 그것이 힘의 본성입니다. 더 많은 힘이 함께할수록 하루하루 그 힘을 어떻게 사용할지 **선택해야 할** 순간도 더 많아집니다."

미국의 SF작가인 으슐라 르귄은 중요한 것은 "상상에 의한, 그러나 설득력 있는 대안적 현실을 제시함으로써" "지금 사는 방식이 우리가 살아갈 유일한 방식이라고 단정해버리는 게으르고 소심한 사고 습관"으로부터 벗어날 수 있다는 사실임을 기억해야 한다고 우리를 설득한다.

나는 암흑과 전쟁 한복판에서 피스메이커가 나타나 우리를 이끌고 조화와 치유의 대안적 현실로 데려가줄 거라는 상상을 선택한다.

"풀숲에서 내 이름을 말하라. 그러면 나는 다시 이곳에 와 있을 것이다."

피스메이커가 흔히 이로쿼이족으로 알려진 온퀘혼웨족, 즉 '실재하는 사람들'의 부족에게 한 약속이다.

피스메이커는 적들을 죽이는 대신 그들의 마음을 정화하고 치유함으로써 악을 극복해야 한다고 가르친다. 이 일을 이루려면 먼저 우리 자신의 마음부터 정화하고 치유해야 할 것이며, 또한 영혼의 역사를 되찾고 더 깊은 자아의 지혜에 마음을 열어야 할 것이다.

풀숲에서 피스메이커의 이름을 불러보자. 그가 온다고 상상할 수 있는가? **지금** 와 있다고 상상할 수 있는가? 그가 이곳에 필요한 존재인데 어떻게 그러지 않을 수 있겠는가?

"상상을 신성한 것으로 만들 수 있다면 우리는 모든 것을 바꿀 수 있을 것이다."

예이츠는 그의 환시적 소설 《점박이 새》에서 이렇게 썼다.

"그러나 상상의 온갖 이미지와 충동은 그것이 아름다움과 평화에 따라 형성되고 명령받는 한 신성한 것이어야 한다. 그렇게 되려면 그것은 영혼의 역사와 의도적이며 직접적으로 연관된 것이어야 한다."

영혼의 역사와 협력할 것을 선택하자. 그것을 위대한 상상의 불로 단련하여 반드시 올바른 방향을 가리키도록 하자.

시인 타고르는 이렇게 일깨웠다. 상상이 강할수록 결과는 덜 상상적이라고.

10

그 누구도 아닌 나만의 집을 지어라

 나를 일깨우는 5분간의 상상

매일 5분만 시간을 내어 최고로 행복한 한낮의 꿈에 빠져보자. 그럴 여유가 없다고?

날마다 5분씩 상상 속의 특별한 공간에서 즐거운 한때를 보내고 그 공간을 키워나가는 것은 훌륭한 훈련법이다. 그곳에서 당신은 완전한 휴식과 즐거움을 누릴 수도 있고, 그날의 소란과 혼란으로부터 달아날 수도 있다. 그곳이 깊은 치유와 창의적 영감을 얻는 장소가 될 수도 있다. 목적감과 방향감을 회복하는 장소가 될 수도 있다. 그 공간을 다른 사람과 함께 나눌 수도 있다. 당신은 그 특별한 장소에서 튼튼하게 키워온 것을 물리적 세상에 드러내고 싶어질 것이다.

여기서 단순한 출발점 이상이 되어줄 한 가지 방법을 소개하겠다. 그 방법을 통해 당신은 언제라도 되돌아갈 수 있는 기쁨과 창조의 장소를 발견할 수 있을 것이다.

꿈의 집을 지어라

꿈의 집을 그려보라. 방마다 돌아다니면서 그 풍경을 탐구하라. 모든 감각을 활용해 그곳에서 거주하라. 그곳에서 맛있는 밥을 먹고, 사랑을 나누고, 창의적인 일을 하고, 게임을 하고, 편안히 휴식하는 모습을 상상하라.

언젠가 그 꿈의 집에서 살게 될지도 모른다. 상상의 집을 짓는다는 것은 미래에 한 발자국 더 가까이 다가가는 것이다. 뜻밖의 일이 당신을 도와줄지도 모르니 마음의 준비를 하고 있어야 한다. "엉뚱한" 방향으로 돌았을 때 그 꿈의 집이 나타날 수도 있다. 당신이 찾던 부동산업자가 친구의 파티에 우연히 나타날지도 모른다.

정말 운이 좋다면 당신이 그려본 꿈의 집이 지금 당신이 거주하고 있는 공간인지도 모른다.

아니면 네덜란드 화가인 에서의 그림처럼 그 구조 자체가 뉴턴의 물리학 법칙에 적용되지 않는 곳이라면, 그 꿈의 집은 물리적 세상에는 존재하지 않는 장소일 수도 있다. 어쩌면 세상의 나뭇가지들 사이에 지어진 집일 수도 있고, 달로 직행하는 엘리베이터가 있는 집이거나 지하에 용이 사는 집일 수도 있다.

꿈의 집이 미래의 집이건 현재의 집이건 또 다른 무엇이건, 그 집은 상상을 위해 마련된 장소다. 가능한 한 자주 들르자. 원하는 특징들을 첨가하자. 있는 줄도 몰랐던 방과 층들을 구석구석 돌아다니자. 당신을 놀래줄 변화들에 마음을 열자.

튼튼하게 지어라

당신의 꿈의 집에는 무엇이, 그리고 누가 있었으면 좋겠는가? 그것을 생각해보자. 지금 나이에, 혹은 지금 가진 돈으로, 혹은 지금 형편에서 무엇이 가능하고 가능하지 않은지 또다시 읊어

대는 일로 시간을 낭비하는 일이 없도록 하자.

목적지가 보이면 이미 절반은 넘게 온 것이다.

정말이다.

하지만 몇 가지 주의할 점이 있다.

첫째, 꿈의 집에 찾아가면 비전을 포기했기 때문에, 혹은 목표를 바꾸었기 때문에 드러나 보이지 않았던 것들을 보게 될 것이다.

당신의 눈에 보이는 미래는 어떤 것이라도 **가능한** 미래라는 점을 명심하자. 특정한 미래(점심으로 생선을 먹는 일, 헤드헌터에게 전화를 받는 일, 혹은 그 풍경에서 일어나는 어떤 일이든지)가 나타날 가능성은 끊임없이 이동하고 있다.

둘째, 꿈은 **행동**이 있어야 한다. 비전을 키우고 비전을 간직하는 일은 절대적으로 중요한 열쇠이다. 그러나 우리가 그것을 이루려고 단호한 신체 행동을 취하지 않으면 우주는 우리의 비전을 믿지 않을 것이다.

어떻게 하면 올바른 행동을 취할 수 있을까?

한 걸음 한 걸음씩 발을 떼어야 한다.

당신은 이미 첫 걸음을 내디뎠다. 상상 훈련을 했고, 꿈의 집도 설계했다. 부족한 것이 있다면 그 풍경으로 되돌아가 누구든, 무엇이든 당신에게 필요한 것들로 채우라. 원한다면 성형수술을 해도 좋고 완전히 다른 모습으로 변신해도 좋다.

그 비전을 당신의 마음속에 간직하는 데 도움이 될 만한 대상을 찾거나 만들어라. 꿈의 집이 바다 근처에 있다면 책상이나 침대 머리맡에 조가비를 두어도 좋다. 꽃나무들이 있는 곳이라면 그와 비슷한 풍경이나 그런 향기가 나는 뭔가를 당신가까이 두어라. 꿈의 집을 그림으로 그려보거나 그 축소판 모형을 만들어도 좋다.

다음으로는, 비전에서 누리던 것들이 왜 어렵거나 불가능한지 그 주된 이유를 세 가지만 말해보자. 머릿속에 수만 가지 이유가 윙윙거리겠지만, 지금은 세 가지면 충분할 것이다. 사람들이 흔히 대는 이유는 이런 것들이다.

- 돈이 없다.
- 나이가 너무 많다(혹은 외모가 안 따른다).
- 아이들을 돌봐야 하기 때문에 원하는 일을 할 수 없다.

이제 다음 단계로 이동할 준비가 되었는가?

당신의 가슴이 갈망하는 것을 왜 가질 수 없는지 그 각각의

이유가 긍정적 확신을 줄 때까지 궁리를 거듭하자. 이상적으로
는 부정적인 자기 패배적 진술을 뒤엎는 것이 가능하다. 하지
만 그렇게 하려면 당신의 사고방식을 바꿔야 할 것이다. 이를
테면 당신의 생각을 "나는 돈이 없다"에서 "나는 필요한 돈을
전부 벌어들이려고 움직이고 있다" 혹은 "나의 마음은 내가 요
구하는 돈을 전부 제공할 우주에 열려 있다"로 바꾼다.

　궁극적으로 나는 당신이 이렇게 말하는 것을 듣고 싶다. "나
는 필요한 돈을 갖고 있다" 혹은 "나는 풍족함을 누리고 있다."
이렇게 말할 수 있다면 그다음에는 더 대담해져서 "나는 개인
금융자산으로 100만 달러를 갖게 될 것이며, 내년 10월이 되기
전에 이 일을 꼭 이루겠다"는 식으로 실질적인 날짜와 액수를
분명하게 정할 수도 있다. 우주는 내 말을 귀담아듣고 반응할
것이기에 나는 한 마디 더 보탠다. "나는 그 누구에게도 해를
끼치지 않고 오히려 우리 모두에게 혜택이 돌아가는, 간편하고
도 긍정적인 방식으로 이 일을 이루겠다."

　당신이 사용할 단어들은 당신의 스타일에 맞아야 한다. 그
단어들은 또한 당신의 몸과 당신의 에너지 영역 전체와 공명해
야 한다. 부정적인 주문을 긍정적인 확신으로 바꾸려면 당신의
몸에 귀 기울여야 한다. 우리는 머리로만 움직이기 때문에 목

3부 | 세상을 바꾸는 백만 불짜리 중가몬 상상

표를 이루지 못할 때가 잦다. 이 모든 일들이 일어나도록 하는 진정한 마법은 대담하고 꾸준하게 상상을 훈련함으로써, 또한 올바른 확신을 창조하는 것을 포함하여 몸이 믿는 행동을 취함으로써 진정한 비전을 키워나가는 것이다.

무언가를 확신하는 것은 그것을 견고하게 만드는 것이다. 우리가 바라는 것도 비전을 키워나가고 그것을 견고하게 유지하는 것이다.

집단 비전을 만들어라

어떤 규모의 집단이라도 함께 "비전을 키워나갈" 수 있고, 또 그래야 할 필요도 있다.

이를 훌륭히 수행하려면 사람들이 틀을 벗어날 수 있도록 매우 고요하고 편안한 환경을 만드는 일이 중요하다.

그런 다음 명료하게 진술된 목표와 상상 여행의 출발점이 되어줄 이미지를 그 집단에 제시한다. 출발점의 이미지로 공유된 상징이나 그 문제에 적합한 강렬한 꿈을 택할 수 있다. 또는 현실 속의 평범한 혹은 색다른 한 공간일 수도 있다.

나는 한두 명에게만 알려진 현실 속의 공간을 즐겨 활용한다. 여행을 시작할 때 그곳으로 떠나기로 의견을 모았다면 우리는 종종 만남의 장소를 제안한 그 사람에 의해 확인되는 (혹은 확인되지 않는) 인상들을 모아볼 수 있다. 함께 떠나지 않았다면 몰랐을 뭔가를 우리가 여행 도중 보았다는 사실을 깨달으면, 이것으로 우리는 말 그대로 함께 어디론가 가 있다는 확신을 얻을 수 있다.

학교에 꿈의 교육을 도입하는 집단적 꿈을 키우고 싶어 하는 한 그룹에서, 버지니아 출신의 한 사람은 자신의 동네에 있는 초등학교를 그 출발점으로 제안했다. 함께 떠난 많은 여행자는 순환도로나 게양대의 위치, 라커룸 등 묘사되지 않았던 학교의 풍경을 상세하고 정확하게 그려볼 수 있었고, 단체의 목적을 표현하는 데도 다양한 창의적 아이디어를 전개할 수 있었다.

그룹 여행이 끝나면 참가자 중 한 명이 서기 역할을 맡아야 하며, 모두 함께 머리를 맞대고 그룹 보고서를 작성해야 한다. 여행의 모든 요소들을 기억할 만한 하나의 이야기로 구성하면 그것을 집단적 꿈이라 일컬을 수 있을 것이다. 과정의 끝은 언제나처럼 액션플랜을 생각해내는 것이다.

1. 그룹의 목적을 규정한다.

2. 그룹 여행의 출발점을 정한다. 그룹의 목적에 적합한 곳으로 정하되, 현실 세상의 한 곳이어도 좋다.

3. 여행을 더 수월하게 하려면 심장박동을 닮은 드럼 소리나 명상음악을 활용한다.

4. 그룹 멤버 중에서 서기를 선정한다. 그룹 멤버들이 여행에 대해 이런저런 이야기를 나눌 때 서기는 그 내용을 기록한다.

5. 충분한 시간을 들여 서로 나눈다.

6. 서기는 개별적 느낌과 인상들을 통합하여 하나의 보고서로 작성한다. 그것이 그룹의 꿈이다.

7. 그룹이 공유할 자동차 범퍼 스티커나 액션플랜을 결정한다.

다빈치처럼 꿈꾸고, 처칠처럼 살아라

 다빈치처럼 발명 마인드를 키워라

과거 상상의 대가들을 연구함으로써 우리는 상상력을 더욱 계발할 수 있다. 여기서는 위대한 상상의 대가들인 레오나르 도 다빈치, 잔 다르크, 그리고 윈스턴 처칠로부터 얻을 수 있는 가르침을 살펴보겠다. 먼저 레오나르도 다빈치의 경우를 들어 보자.

그는 산에서 멀어질수록 산의 빛깔이 더 푸르게 보인다는 사 실이 궁금했다. 그 호기심으로부터 시대를 앞선 이론이 탄생하 였다. 그는 하늘의 초승달을 보고 왜 달무리가 지는지 궁금히 여기다가 그것이 지구의 반사광이라는 사실을 깨달았다. 그 현상을 기술한 방식의 정확성을 NASA가 확인한 것은 그로부터 500년 뒤였다. 1502년에는 골든 혼 강―한때 콘스탄티노플의 유럽 쪽 땅과 아시아 쪽 땅을 갈랐던―을 가로지르는 다리를 설계했다. 당긴 활 모양으로 교각이 없는 형태였다. 사람들은 그런 형태의 다리를 짓는 것은 불가능하다고 생각했으므로 그의 계획은 실행에 옮겨지지 못했다. 2001년이 되어 기술이 드디어 그의 비전을 따라잡게 되자 그의 설계도를 정확히 따른 다리가 노르웨이 아스에서 축조되었다. 2006년 5월에 터키 정부는 골든 혼에 그의 원안에 따라 다리를 축조하라는 지시를 내렸다.

1500년 이전과 그 직후에는 헬리콥터, 탱크, 행글라이더, 스쿠버다이빙 장비, 잠수함, 계산기, 움직이는 로봇, 프로그래밍할 수 있는 아날로그 컴퓨터 등 오늘날 널리 알려진 여러 장치의 원형을 설계했다. IBM은 그의 업적을 기리려고 40점에 달하는 그의 발명품을 모형으로 만들어 앙부아즈의 클로뤼세 성에 전시했다. 그곳은 그가 프랑스 왕 프란시스 1세의 손님으로 마지막 3년을 지낸 곳이다. 그는 또한 해부학자이자 천문학자였으며, 걸출한 화가들이 배출된 르네상스 시대의 가장 위대한 화가이자 조각가 중 한 명이었다.

여기서 그는 물론 레오나르도 다빈치다. 이 팔방미인의 엄청난 상상에 담긴 비밀은 우리를 끊임없이 매료시킨다. 간단히 말해서, 그의 힘이 **상상**의 연습에 의한 것임을 깨닫지 못한다면 우리는 그를 이해할 수 없을 것이다.

다빈치는 우리가 어떻게 하면 그처럼 상상을 연습할 수 있을지에 대한 단서들을 남겼다. 그 단서들은 음모가 도사린 스릴러물에서 발견할 수 있는 것보다 더욱더 긴장감 넘치고 이루 말할 수 없이 실용적이다. 《회화에 관한 논문》에서 그는 "마음을 일깨워 다양한 발명품을 만드는 방법"을 알려주었다.

그가 선호한 방법은 **빈 벽을 응시하는 것**이다.

그가 말하는 빈 벽은 말 그대로 아무것도 없는 벽이 아니다. 이상적인 벽은 얼룩과 균열, 변색된 부분 같은 것이 있는 것이다. 그 벽을 가만히 바라보고 있으면 이미지가 당신의 마음에 형성되기 시작할 것이고, 그 이미지는 곧 모양을 바꾸고 생기를 띠게 될 것이다. "산과 강, 바위와 나무, 평원과 깊은 계곡, 언덕이 여러 형태로 아름답게 조합된" 다양한 풍경들이 보일 것이다.

아니면 감독으로서의 힘을 훈련하여 그 광경을 "쏜살같이 움직이는 형체들, 이상해 보이는 얼굴과 복장들, 훌륭한 형태로 가공할 수 있는 무수히 많은 물체"가 등장하는 전투나 위대한 연극으로 발전시킬 수도 있다.

그가 "훌륭한 형태로 가공할 수 있는" 그 물체들이 현재의 기술보다 몇백 년 앞선 새로운 발명품일지도 모른다는 사실을 명쾌하게 밝히지는 않는다.

하지만 그는 벽뿐 아니라 돌멩이를 보면서도 패턴을 읽어낼 수 있으며, 그런 경우에도 마찬가지로 굉장한 결과를 얻을 수 있다고 말한다.

또한 우리가 시각적 사고에서 벗어나 또 다른 감각, 즉 청각에 완전히 집중할 수 있다면 또 다른 결과가 나타날 것이다. 시각적 모드에서 청각적 모드로 전환하기 위해서는 마음을 분산시키지 말고 종소리나 흐르는 물소리에 집중하라고 그는 충고한다. 당신의 상상을 소리와 함께 흐르게 하면 단어와 음악도 당신에게 다가올 것이다. 당신의 상상이 흐르면 당신도 곧 창의적 물결을 타고 신선한 단어들과 새로운 아이디어들을 끌어올릴 수 있게 된다.

다빈치 코드의 가장 위대한, 그리고 **진정한** 비밀은 평범한 시야에 숨겨져 있으며, 우리가 우리의 감각만 바로잡는다면 그 즉시 누구의 귀에나 들릴 것이다.

🌑 잔 다르크처럼 비전의 장소를 찾아라

그녀는 뭔가를 보았고 어떤 목소리를 들었다. 그녀가 당대 최고의 군사와 정치지도자들을 놀라게 한 비밀 정보를 얻은 것은 이런 방식이었다. 그녀는 전투의 승패와 영주들의 죽음을 예견했다. 그녀는 왕의 속마음을 알았고, 멀리 떨어져 있는 부대의 이동과 전선의 위치를 파악했으며, 그 원거리 관찰에 따라 승리를 위한 전략적 결정을 내렸다. 그녀의 자석 같은 힘은 무너진 국민의 의지를 다시 일으켜 세웠고, 그녀는 그 정신을 구현한 인물이 되었다. 그녀를 사랑한 사람들에게 그녀는 신이 선택한 사람이었다. 그녀를 모략하고 화형에 처한 사람들에게 그녀는 마녀였다.

로레인의 처녀 잔 다르크에 관련된 미스터리는 몇 줄로 요약될 수 없다. 그러나 그녀가 상황을 바라보는 방식에서 우리는 적어도 한 가지 중요한 요소를 배우고 모방할 수 있다. 그녀가 비전을 본 방식은 조상 전부는 아니더라도 다수가 공유한 고대 전통에 연관되어 있다는 사실이다. 그것은 나무를 보는 시인 (示人)의 방식이다. 그 방식은 나무가 인간보다 더 현명하며, "비전을 보는 행위"를 하려면 비전을 볼 수 있는 장소를 찾아내고 유지해야 한다는 사실과 연관된다.

　뉴욕 메트로폴리탄미술관의 조각갤러리에는 로레인의 화가 쥘 바스티앵 르파주가 그린 숭고한 잔 다르크 초상화가 있다. 잔 다르크가 자신의 집 정원에 있는 장면을 상상해 그린 것이다. 그녀는 이 그림에서 그 크고 아름다운 푸른 눈으로 주변의 시골 풍경을 초월하는 뭔가를 올려다보고 있다. 풍경 또한 마법으로 요동치고 있다. 그녀는 왼팔을 뻗고 있으며, 손에는 어떤 녹색의 것을 움켜쥐고 있다. 아마 나무에 매달린 잎들일 것이다. 그녀는 나무쪽으로 약간 기대어 서 있다. 그녀는 언제나 나무들 틈에서 힘을 얻곤 했다.

　울긋불긋한 수풀과 긴 갈색 치마를 입은 시골 소녀 잔 다르크의 등 뒤로 보이는 오래된 돌 벽이 그림의 분위기를 더욱 살려준다. 미묘한 짜임새가 면면에 녹아들어 충격적 계시 효과를 준다.

　잔 다르크의 등 뒤로는 황금색 갑옷을 입은 남자가 공중에 떠 있지만, 처음에는 눈에 띄지 않을 것이다. 그 남자가 보였다 하더라도 다른 여자들의 존재는 못 보고 지나쳤을 것이다. 그들은 반투명하다. 그 여자들의 형체는 희미한 안갯속에 떠 보이고, 그 형체 위로 풍경이 뚜렷이 비쳐 보인다. 그들 중 한 명

은 머리를 든 것 같다. 이들 방문자는 누구인가? 잔 다르크의
수호 성녀들인 카트린느와 마거릿, 그리고 대천사 미카엘이다.
잔 다르크는 나중에 그들 덕분에 비전을 보았다고 말했다. 여
기서 주목해야 할 점은 잔 다르크가 특별한 나무 옆에 있을 때
그들이 찾아왔다는 사실이다.

잔 다르크와 관련된 가장 유명한 나무는 레이디 트리, 즉 '숙
녀의 나무'다. 로레인의 돔레미 마을 근처 오크나무 숲 속에 있
는 커다란 너도밤나무다.

그녀를 죽이려고 했던 사람들은 그녀를 붙잡은 뒤 그 나무에
관해 물었다. 공개재판이 열린지 사흘째 되던 날인 1431년 2월
24일의 일이었다.

질문 : 네 마을 근처에 있다는 그 나무에 대해 할 말은 없느냐?
잔 다르크 : 돔레미에서 멀리 떨어지지 않은 곳에 숙녀의 나무
로 불리는 나무가 있습니다. 요정의 나무라고 부르는 사람들도 있
습니다. 듣기로는 그 근처에 샘이 있는데 사람들이 열병에 걸렸을
때 건강을 회복하려고 그곳에 찾아와 물을 마신다고 합니다.

나이 든 사람들은 그 나무에서 요정을 보았다고들 한다. 그

녀의 대모 중에서도 요정을 본 사람이 한 명 있었다. 잔 다르크
는 자신이 본 것은 말하지 않는다.

레이디 트리는 이제 없다. 하지만 루아르 지방에 전해 내려
오는 말로는 잔 다르크와 관련된 나무가 한 그루 더 있다. 놀라
운 우연의 흐름에 따라 2005년 여름에 나는 오를레앙 근처의
한 성에 머무르게 되었다. 그 성의 토지에는 사슴공원과 밤나
무도 있었다. 그것은 잔 다르크가 승리를 거둔 최초이자 가장
유명한 오를레앙 전투에서 그 도시를 구해내기 전날 밤 그 가
지 아래에서 시간을 보냈다는 나무였다.

잔 다르크의 나무에서 나는 잔 다르크와 골족 여성 시인(示
人)들의 연속성을 느꼈다. 그들도 그들 부족의 전사들을 위해
나무로, 혹은 나뭇가지로 만든 탑으로 올라가 적군을 정찰하고
전투를 지휘했다.

잔 다르크로부터 우리는 나무와 연결됨으로써, 그리고 이를
우리 내면의 나침반을 복구시키는 장소로 활용함으로써 비전
의 힘을 키우는 방법을 배울 수 있다.

자연 세계에서 당신이 사랑하는 나무, 당신을 아는 나무를
그려보라. 가능하면 그 나무에 가서 그 곁에 앉아라.

그 나무에 몸소 찾아갈 수 없다면 마음과 내면의 감각을 이

용하여 가라. 모든 감각을 이용하여 그 나무와 그 나무가 서 있는 장소를 기억하고 맛보고 냄새 맡고 만져보라.

나무처럼 당신도 땅속에 뿌리내린 기분을 느껴보라. 숨을 들이쉬면서 태양 불을 마시는 기분을 느껴보라. 긴장을 늦추고 나무 중심의 꿈속으로 들어가라.

충분히 긴장이 풀렸다면 일어나서 나무 위로 올라가 편히 앉자. 그 위에 올라가 앉으면 멀리 떨어져 있는 것들을 시간적, 공간적으로 두루 바라볼 수 있다. 높은 곳에서 내려다보면 그것이 어떤 것이건 간에 당신이 이해해야 할 상황이나 문제를 더 잘 살펴볼 수 있다.

당신이 선택만 한다면 이 전망대에서 비행할 수도 있고, 날아내려 당신을 위해 혹은 타인을 위해 더 명확히 보아야 할 것을 더 가까이에서 관찰할 수도 있다.

처칠처럼 비전을 펼쳐라

때는 1940년 6월. 영국은 서구 유럽을 침략한 나치에 외로이 대항하고 있고, 히틀러를 무찌르는 것은 불가능해 보인다. 총리가 된 지 한 달, 처칠은 국민을 향해 연설하면서 그 위험에 대해 경고한다. 영국 국민들이 히틀러를 가만히 내버려둔다면 세상은 "도착된 과학의 관점에 의해 더 악하고, 어쩌면 더 지체된 새로운 암흑기의 심연 속으로" 빠져들게 될 거라는 내용이다.

패배주의는 어디에나 있다. 패배주의는 영국의 질서를 썩게 하였고, 미국을 방관자로 만들었다. 처칠은 승산이 거의 없어 보이는 상황을 어떻게 승리할 수 있는 비전으로 바꾸어놓을 수 있었을까? 그는 자신의 어록 중 가장 유명한 말을 남긴다.

"그러므로 영국제국과 영국연방이 앞으로 1,000년 뒤에도 살아 있다면 사람들이 '이때가 그들의 가장 훌륭한 시간이었다'고 말할 수 있도록, 우리 함께 힘을 내서 우리의 의무를 다하고 굳건히 이겨냅시다."

이 말이 영국 국민의 상상을 사로잡았다. 그 말이 그들에게 도덕적 용기와 자신감을 심어주었다. 처칠의 비전이 많은 사람의 가슴속에 뿌리내린 데는 두 가지 뚜렷한 요소가 있었다.

첫 번째 것은 **시간 이동**이다. 그는 자신의 연설을 듣는 사람들을 먼 미래로 데려간다. 현재의 위험을 뛰어넘어 모든 문제들이 해결된 시간으로 가는 것이다. 그는 청중에게 히틀러를 무찌르고 승리를 거두는 것은 불가피한 일일 뿐 아니라 오래전에 이루어진 일이라고 설득한다. 그 말의 위력이 너무 대단해서 그 뒤에 나오는 말은 시시하게 느껴질 정도다.

두 번째 것은 **목격자 관점으로의 이동**이다. 그는 우리에게 지금 우리의 의무를 다하라고 선동한다("**우리** 함께 힘을 내서 **우리의** 의무를 다하고"). 그 말과 동시에 우리는 독수리의 높이로 올라간다. 우리는 높은 차원에서 우리의 전투를 내려다본다. 더 큰 자아가 더 작은 자아를 내려다보면서 감탄한다.

처칠은 청중을 자신의 엄청나게 큰 상상 속으로, 전쟁이 이미 끝난 상황 속으로 데려간다.

처칠로부터 우리는 비전을 요구하는 사람에게 어떻게 비전을 전이시킬 수 있는지 배울 수 있다. 여기서 두 가지 핵심 요소를 살펴보자.

첫째, 우리는 상상의 힘을 통해 우리를, 그리고 타인을 어떤 문제나 갈등이 성공적으로 해결된 미래로 데려간다. 우리는 믿을 수 있는 행복한 미래를 만들어내며, 그 상상 속의 미래는 우리에게 당면한 어려움을 뛰어넘을 수 있는 견인력을 제공한다.

둘째, 우리는 누군가를 위해 비전을 펼치면서 그들이 당면한 걱정을 벗어나 더 높은 곳으로 올라가 더 넓은 관점에서 세상

만물을 볼 수 있도록 영혼을 고취시킨다. 우리는 그들에게 케케묵은 이야기나 성공할 수 없는 천 가지 이유가 아니라 빅 스토리에 따라 살라고 권유한다.

우리는 그들에게 더 큰 꿈을 제시하고, 그 꿈대로 살라고 권하며, 그들의 품에 세상을 안겨준다.

놀라운 여행, 지금 당장 떠나라

당신만의 여행을 떠나라

오늘은 새로운 삶이 시작되는 첫 날이다.

당신은 놀라운 여행을 시작하게 된다.

그것은 절대적 지식을 향한 여행이다.

당신을 그곳에 데려다줄 지도 같은 것은 없다. 당신이 성공적으로 길을 찾아낸다면 다른 사람들이 당신의 여행을 지도처럼 활용할 수 있을 것이다.

도중에 길을 잘못 들기도 할 것이고, 절대적 지식을 향한 당신의 마음을 현혹시키는 길도 나타날 것이다.

그러나 유능한 안내자들이 당신과 동행하면서 당신이 올바른 길에서 벗어나면 알려줄 것이고, 내면의 나침반이 손상되면 복구시켜줄 것이다. 그 안내자들은 우리가 '단지'라고 말하는 세 가지 것들이다.

당신을 그곳으로 데려다줄 지도는 없지만, 그 길을 먼저 지나간 사람들의 충고를 귀담아들으면 뜬소문이 난무하는 시장 골목이나 닫힌 계시의 완고한 사원, 반복의 끔찍한 수레바퀴, 절반만 기억된 것들의 등나무 숲에 갇히지 않고서도 그 여행을 무사히 해나갈 수 있을 것이다.

길은 또 다른 길을 안내한다

당신이 우주에 몸을 기대면 우주가 당신을 지탱해줄 거라는 사실을 믿어야 한다. 친구들이나 동료들이 당신을 이해하지 못하고 당신의 변화를 억누르려 하더라도 당신의 가슴과 당신의 꿈이 당신을 향해 말하는 소리를 신뢰하라.

진정한 친구란 당신을 지지해주고, 설령 변화의 성격을 이해 못 한다 하더라도 변화를 경험하는 당신을 참아줄 수 있는 사람임을 기억해야 한다.

다음 말을 항상 가슴에 품고 다니라.

"지금으로부터 20년 뒤면 그렇게 한 것보다 그렇게 하지 않은 것에 대해 더 많이 후회하게 될 것이다. 그러니 밧줄을 풀어라. 안전한 항구를 떠나 바다로 나가라. 무역풍을 타고 바다를 항해하라. 탐험하라. 꿈꾸라. 발견하라."

이 말은 "단지 세 가지 것들"의 대가였던 마크 트웨인의 말이다. 그는 당신보다 앞서 항해를 떠났던 사람이다. 그가 알았던 한 가지 사실은 우주 깊숙한 곳에 가장 손쉽게 도달하려면 당신이 믿을 수 없을 정도로 작아졌다고 생각하면 된다는 것이다. 그러면 당신은 인간 세포의 세상으로 들어갈 수도 있고, 원자 입자 사이로 미끄러져 들어갈 수도 있다.

💗 당신의 비전을 놓지 말라

당신의 비전을 돌보라. 당신의 비전을 자주 당신의 마음과 당신의 감각 속에 살게 하라. 그 속에서 이리저리 돌아다니라. 그 속에서 놀고, 휴식하고, 살림하고, 창작하고, 사랑하라. 특히 잠들기 직전이나 눈뜨기 직전에 그렇게 하라.

당신이 더 현명해져서 절대적 지식에 가까워지면 비전의 형태를 진화시키라.

그렇게 하면 당신이 상상 속에 지은 집도 바뀔 것이다. 새로운 차원으로 발전해나갈 것이다. 어쩌면 그 집을 함께 쓰는 사람도 바뀌게 될 것이다. 어떤 영혼의 계약은 영원하지만, 또 다른 계약은 한정된 시간과 제한된 목적에서만 유효하기 때문이다.

당신 스스로 세운 목표들과 중간 도착지들을 점검하라. 흔들림 없이 나아가려고 당신 스스로 결심한 내용을 갱신하고, 필요하다면 수정하고 업데이트하라.

비전을 품고 있으면 길을 잃지 않는다.

또 다른 여행자 윌리엄 예이츠는 이렇게 말했다. 이 글에서 그는 시인이자 마법사의 목소리로 말한다.

"우리가 상상 속에서 만들어내는 모든 것은, 우리가 매우 튼튼하게 만든다면, 우리의 영혼이나 자연의 영혼을 통해서 인생의 상황에서 저절로 실현된다."

비전이 **갈망**으로 충전되어야 한다는 점을 명심하라.

마음을 텔레비전에서 방영되는 한밤의 고전영화 같은 것에 고정하지 말라. 당신의 비전이 갈망으로 충전되어 있지 않으면 당신은 별과 멀어질 것이며 결국에는 길을 잃게 될 것이다.

당신의 비전에 갈망이 충분히 충전되어 있다면, 당신을 지지해줄 세상의 힘이 깨어나지 않을 수 없을 것이다.

주의를 기울이라

전환점에 다다르면 언제나 "단지 세 가지 것들"의 작용에, 그리고 당신의 심장과 내장과 머리가 품은 것들에 주의를 기울이라.

길가에 지쳐 나자빠진, 술집에 박쥐처럼 매달려 있는, 커피숍에 들어앉아 도저히 안 되겠다고 툴툴거리는 저 나약한 여행자는 누구인가? 그들은 여행의 법칙 중 중요한 한 가지를 잊어버린 사람들이다.

그것은 바로 에너지는 주의가 쏠리는 곳으로 흘러간다는 사실이다. 우리가 부정적인 사고와 감정으로 우리의 의식을 채우면 우리의 에너지도 그에 상응하는 쪽으로 방향을 선회할 것이다. 그렇게 되면 우리는 길 위에서 마음의 괴물들을 만나게 될 것이다. 내면의 마음이 그런 일을 겪는다면 외부의 현실에서도 마찬가지일 것이다. 우주는 그것이 어떤 것이든 우리가 생각하고 느끼는 대로 하겠다고 대답할 것이다.

소로의 조언을 들어보자.

"자기 자신의 길을 방해하는 자는 온 세계가 그의 길을 방해할 것이다."

무엇이 가능한지를 타인의 생각을 받아들이고 그리하여 그들의 실망 혹은 질투를 감당하겠다고 고집함으로써 타인이 당신의 길을 방해하도록 해서는 안 된다. 자신의 꿈이 무너진 사람들은 알게 모르게 타인의 꿈도 박살을 내려고 하는 법이다.

다른 사람이—특히 가족이나 가까운 친구가—당신에게 풍요롭지 못한 현실의 관점이나 가능성의 관점을 가지라고 권유하면 받아들이지 마라.

당신이 당신의 에너지 영역에 아직도 담고 다니는 개인의 역사를 돌아보라. 만약 당신이 과거의 수치나 고통, 실패의 무게로 괴로워하고 있다면 당신은 목표를 이루지 못할 것이며, 몸도 당신을 믿지 않을 것이다.

카후나라는 이름으로 알려진 하와이의 전통적인 치유사들은 이에 대해 심오한 가르침을 준다. 그들은 보통의 마음과 창의적 표출 간에는 거의 상관이 없다고 말한다. 우리의 삶에서 표출되는 최고의 것은 밀도 높은 에너지의 몸과 고원한 자아의 창의적 파트너관계를 통해 온다는 것이다. 그것들을 움직여 함께 작용시키면 에고ego도 이를 따라갈 것이다.

🍎 포기하지 말라

세상이 우리를 뒷걸음질치게 할 때도 있다. 우리의 마음이 상실감에 휘청거릴 때도 있다. 하지만 한 상황에서 성공하지 못했다고 해서 실패자가 되는 것은 아니라는 사실을 명심하자. 누군가가 이러저러한 것에서 실패했다고 해서 실패자라 단정할 수는 없다. 실패자가 되는 것은 포기할 때이다.

진심으로 믿는 무언가를 위해 최선을 다했으나 원하는 결과를 얻지 못했다면 그 일은 실패로 평가받을 것이다. 하지만 그것이 **우리**가 실패자라는 뜻은 아니다. 잘못된 일에서 배움을 얻으려는 의지와 다시 해보겠다는 마음가짐이 우리에게 있다면 특히 그렇게 생각해서는 안 된다.

놓아주는 것은 포기하는 것이 아니다.

죽자 살자 노력하더라도 어떤 일은 도저히 안 되더라는 결론에 도달할 수도 있다. 노인을 죽지 않게 하는 일, 책을 쓰는 일, 부동산으로 100만 달러를 벌어들이는 일이 그 예다. 뭔가를 오랫동안, 그리고 정확하게 바라본 뒤 그 목적을 해방하기로, 다시 말해 놓아주기로 했다면, 그것은 실패도 아니고 포기도 아니다.

처칠은 오랜 정치생활에서 많은 실패를 경험한 사람이다. 그는 종종 "끝장난" 정치인이라는 평가를 받았다. 그러나 그는 실패를 딛고 일어서서 야만주의와 악의 세력에 대항해 결정적으로 휴머니티의 승리를 거두었다.

그는 말했다.

"최선을 다하는 것만으로는 충분하지 않다. **필요한** 일을 해야 한다."

당신이 넘어졌다 치자. 높은 산을 굴러 떨어져 심연에 처박혔다 치자. 일어나라. 다시 올라가라. **필요한** 일을 하라.

 즐기듯이 하라

절대적 지식을 얻는 여행이란 아주 진지한 것이어서 놀이의 정신으로 접근해야 한다.

내 강의를 들으러 온 한 남자가 진지하게 "요점을 말해 달라"고 요청했다.

"이게 전부 무슨 소리입니까?"

나는 그에게 즉시 대답을 들려주었다.

"즐기듯이 한다는 걸 염두에 두십시오."

그는 그것을 아주 심각한 표정으로 받아 적었다. 나는 최대한 상냥하게 말했다.

"죄송합니다만, 제 말뜻을 제대로 알아듣지 못하신 것 같군요."

어떤 게임을 즐기게 되면 우리는 그것에 최선을 다한다. 이 게임은 어쩌면 승리를 거두는 것, 1등을 하는 것, 결승점을 맨 처음 통과하는 것일 수도 있고, 성공과 더불어 상장과 명예가 뒤따르는 것인지도 모른다. 성공이란 돈다발을 거머쥐는 것, 노벨상을 받는 것, 역경을 딛고 살아남는 것, 아이를 졸업시키는 것을 의미할 수도 있다. 그 상이란 것이 맞은편에 앉아 있지 않은 누군가에게는 전혀 의미 없을지도 모른다. 철학자 제임스 카스는 반드시 이길 목적으로 하는 게임은 **유한게임**임을 일깨워준다. 우리가 하는 게임은 그보다 더 큰, 이른바 **무한게임**이라는 것을 인식하고 있을 때 우리는 진정 최선을 다할 수 있다. 무한게임을 하는 선수들은 이기려고 시합하지 않는다. 그들은 시합 자체를 즐기기 위해 시합한다.

이기기 위해, 돈을 벌기 위한 시합도 잘못된 것은 아니다. 다만 우리가 **선택한** 게임이 무한게임에 속한 유한게임임을 인식하고 있다면 말이다. 문제는 우리가 그 게임을 선택했다는 사실을 잊어버렸을 때 생긴다. **해야 한다고** 믿기 때문에 하는 거라면, 선택의 여지가 없다고 되뇌기만 한다면, 그것은 즐기는 것이 아니다.

이따금 이런 일이 생기는 것은 우리가 선택한 게임에서 이런저런 역할을 맡겠다고 동의했지만 결국에는 그 역할을 하면서 우리의 정체성을 잃고 말았기 때문이다. 우리는 스스로 엔지니어가, 엄마가, 집배원이, 혹은 골프선수가 되기로 **선택**했다는 사실을 잊어버린다. 우리는 부가된 의무를 다하려고 열등감을 감추려고, 은행 잔고를 늘리려고 애쓰면서 하루하루를 보낸다. 그렇게 해야 한다고 생각하기 때문이다. 카스는 이를 "자기 베일self-veiling"이라 부른다. 이는 놀이의 정신을 죽이는 것이기에 매우 심각한 문제다.

놀이의 정신은 어린아이의 특징이지만 어린아이였을 때 일찌감치 파괴될 수도 있다. 캘리포니아에서 열린 세미나에 참가했던 성공적인 사업가가 떠오른다. 자신이 쌓은 재산과 지위에도 그는 슬픔과 부질없다는 기분에 휩싸여 괴로워하고 있었다.

"나는 줄곧 바쁘게만 지내왔습니다. 이기고 이기는 성공의 연속이었지요. 그렇지만 중요한 건 하나도 이루지 못했다는 기분이 자꾸만 드는군요."

우리는 그 좌절감의 원인을 찾아보았다. 그가 결론을 내렸다.

"뭔가 창조하고 싶습니다. 살면서 창조를 원하는 나의 일부가 어딘가에서 죽은 듯이 멈춰버렸군요."

나는 창조의 정신이 막혀버린 순간을 알아내기 위해 그가 지금껏 살아온 자신의 인생을 돌이켜볼 수 있도록—내가 쓰는 "자극된" 명상을 이용해 **정말로** 돌이켜볼 수 있도록—도와주었다. 그는 그 명상을 통해 어린 시절의 한 장면을 들여다보았다.

"4살 정도 된 것 같군요. 레고 블록으로 아주 멋진 구조물을 만들고 있어요. 시간은 넘쳐날 정도로 충분합니다. 어머니가 들어와서 말씀하시는군요. '잘 만들었구나. 어른이 되면 설계사나 공학자가 되어 돈을 많이 벌 거야.'"

정말로 공학자이자 CEO가 된 그 사업가는 격앙된 목소리로 말했다.

"내 창조적 자아가 파괴된 순간이 바로 그때였습니다. 더는 놀이가 아니었거든요. 그건 결과에 관한 거였어요. 다시는 블록을 갖고 놀고 싶지 않았어요."

그는 자신의 창조적 자아를 해방하기 위해 블록을 새로 장만해서 책상 위에 공간을 만들어 그걸 가지고 노는 것이 좋겠다는 데 뜻을 같이했다. 그렇게 함으로써 내면의 어린아이를 그림자 세상 밖으로 다시 불러낼 수 있을 뿐 아니라, 오롯한 놀이의 기쁨을 위해 시합하는 무한게임의 선수로 행동할 수 있다.

비슷한 깨달음이 눈부신 영화 〈베가 번스의 전설〉에도 담겨 있다. 스티븐 프레스필드의 소설을 원작으로 만들어진 이 영화는 1931년 경제공황─인생 게임에 대응되는 것─의 한복판에서 열린 골프 시합에서 한 골프선수가 흑인 캐디로 위장한 수수께끼 같은 안내자의 도움으로 "진정한 스윙"을 찾는 과정을 그리고 있다. 그에게 전국 최고의 골프선수 두 명과 시범시합을 하는 일생일대의 기회가 온다. 그는 창피를 당하지만, 캐디의 도움으로 자신의 진정한 적은 그 대단한 선수들이 아니라 자신의 자기패배적인 행동과 태도임을 알게 된다.

그는 **필드를 보기** 시작한다. 필드를 본다는 것은 태양이 하늘을 가로질러 갈 때 풀이 어느 쪽으로 눕는가, 바람이 세차게 불

때 드라이브를 치려면 철로 만든 가벼운 골프채가 나은가 나무로 만든 것이 나은가 등을 안다는 것을 의미한다. 필드를 **즐긴다**는 것은 그 순간 필드에 있는 모든 것과 조화를 이룬다는 것을 의미한다. 결과에 대한 두려움 없이, 놀이를 사랑하는 마음으로 최선을 다하는 것이다.

"단지 세 가지 것들"은 필드를 알기 위한 특별한 방편을 제공하며, 또한 필드를 즐기는 놀라운 방법을 알려준다. 길을 가다 만난 누군가가 그게 다 무슨 소리냐고 묻는다면 간단히 이렇게 대답하면 된다.

"더 나은 게임을 하기 위한 거지요."

| 역자후기 |

당신의 오늘 밤 꿈은?

"관객이며 배우이자 연출자."

각색된 기억에는 이렇게 남아 있었다. 다시 찾아보니 "극장이고, 관객이며, 배우이고, 이야기"다. 보르헤스가 강의 도중 꿈에 대해 한 이야기다. 원래는 애디슨이 한 말이라고 한다(에디슨이 아니라 영국의 수필가 애디슨을 말하는 듯싶다). 그 말을 꿈 속에서 내가 맡은 역할들로 생각하며 '이야, 정말 그런데' 하고 감탄했었다. 실제로 거울과 미로 꿈을 자주 꾸었다는, 환상적 사실주의로 한때 나를 매료했던 작가 보르헤스는 같은 책에서 파울 그루삭이라는 아르헨티나 작가의 말도 인용하고 있다. 꿈의 미로를 통과한 후에 매일 아침 제정신으로, 즉 상대적

으로 건강한 정신을 지니고 깨어난다는 사실이 놀랍다는 내용
이다. 내가 꿈을, 그리고 상상을 새롭게 보기 시작한 건 그때부
터였던 것 같다. 그래서 이 책 《드림 시크릿》을 번역할 기회가
주어지자 한편으로는 마음이 설렜다. 누군가와 정말 친해지고
싶었는데 좀처럼 기회가 생기지 않다가 드디어 친할 수 있는
기회가 우연히 찾아온 것처럼, 비로소 꿈과 우연과 상상과 제
대로 친할 기회가 생긴 기분이랄까.

역자이기 이전에 취향과 선호가 있는 한 독자로서 고백하자
면, 나는 착하고 성실한 책은 즐겨 읽지 않는 편이다. 내가 말
하는 착하고 성실한 책이란 "마음을 달리 먹으면 모든 일이 달
라진다"라든가 "잘 살려면 이렇게 하라"고 가르쳐주는 책들이
다. 물론 예외는 있어서 그런 책들도 때로 마음을 움직이는 뭔
가가 있으면 각별한 애정을 받기도 한다. 하기야 오만 가지 항
변을 속에 묻어둔 채 착하고 성실한 마음으로 그 책들이 시키
는 대로 고분고분 따른다고 해도, 시킨 대로 잘해낼 자신 역시
없긴 하다.

어떤 면에서는 이 책 또한 착하고 성실한 책이다. 그 이름만
으로도 익히 잘 알려진 처칠이나 잔 다르크, 존 레넌, 스티븐
킹, 마크 트웨인 등 유명 인물들에 대한 이야기를 숨은 일화 모

역자후기

음집처럼 읽는 재미도, 드라마에서나 봄직한 기적 같은 우연을 경험한 평범한 사람들의 이야기를 읽는 재미도 쏠쏠하지만, 결국 궁극의 메시지는 행복하고 건강하게 사는 법이기 때문이다. 하지만 이 책을 처음 접한 느낌은 여느 책들과는 달랐다. 마음을 움직였다. 구미가 당겼다. 꿈과 우연과 상상이라는 세 단어를 패키지로 한데 묶은 데서 오는 임팩트도 강했다. "표면적으로는 굳이 꿈을 거부하는 풍토이며 속으로는 꿈을 챙기는 풍조"라는 마르케스의 말을 어디선가 본 적이 있는데, 그래선지 그 감춰둔 "속"을 "표면"에 꺼내 쳐다보는 시원함 비슷한 기분도 들었다.

꿈과 우연과 상상의 세계와 좀 더 긴밀한 관계를 맺고 있거나 그 세계의 속삭임에 좀 더 예민하게 반응하며 살아온 사람들도 많은 것으로 안다. 그들은 나와는 다른 시각에서 이 책을 접할 것이다. 아마도 그들이 이 책의 주 독자가 되지 않을까 생각해본다. 하지만 꿈에서 본 거리를 실제로 맞닥뜨린 경우가 단 한 번도 없었고, "시청 앞 지하철역에서 너를 다시 만나는" 노랫말 속의 우연도 딴 나라 사람들 일이었고, 상상은 언제나 헛다리만 짚는 기분이었던 나 같은 사람에게도 꿈과 우연과 상상의 세계는, 나와는 무관한 일이라며 툭 밀쳐버리기에는 만만치 않은 매력이 있다. 맞든 안 맞든, 기억이 나든 안 나든, 내 경우에도 꿈이라는 것은 어려서부터, 혹은 태어나서부터, 아니 어쩌면 태어나기 전부터 지금까지 불시에 불쑥불쑥 나타나는 것이었고, 기막히거나 행복한 우연은 아니었지만 적어도 자각할 수 있는 우연이 없지는 않았으며, 상상에 대해서는 다소 오리무중이지만 어쨌거나 상상을 생활에서 아예 떼어버리는 것 역시 가능한 일이 아니었다. 그처럼 지금껏 나와 함께 해온 것들이니 아무리 믿지 않아, 하며 가볍게 넘겨버리고 싶어도 어찌 솔깃한 마음이 들지 않겠는가. 솔직히 이 책을 접했을 무렵의 나는 지금까지 안다고 생각한 세상이 불현듯 종잡을 수 없는 물음표로 느껴지는 기분에 빠져 있었다. 꿈과 우연과 상상 속에 내가 놓친 뭔가를 보여주는 단서가 있지나 않을까, 그 세 가지가 어쩌면 더 좋은 카운슬러가 아닐까 하는 막연한 기대와 호기심이 생겼다. 그래선지 번역의 과정은 즐거웠다.

한 가지 분명한 것은 그 호기심만큼은 충분히 충족되었다는 사실이다. 그 기대의 충족에 대해서는, 저자가 제안한 방법을 열심히 따른 뒤로 그 답을 미루어야 할 것 같다. 그래도 이 책을 번역하는 동안에는 거의 날마다 잠자기 전에 꿈의 안내자에게 나를 붙잡는 문제에 대해 도움을 부탁하면서 잠을 청했다. 우연에 대해서도 조금 더 예민하게 열려 있으려고 했다. 그 때문인지 그 기간에 꿈 하나는 정말 많이 꾸었다. 꿈에서 조금이라도 더 단서를 얻을 수 있지 않을까 싶어, 부러 눈 뜨지 않고, 꿈을 붙잡고 늘어지고 싶은 날도 있었다. 세상을 마주하는 나 자신의 태도가 조금씩 달라지는 것 같기도 했다. 하지만 이 시점에서 다시금 깨닫게 되는 것은 역시나 꾸준함의 중요성이다. 번역을 끝내고 시간이 꽤 지난 지금, 돌이켜보니 어느 시점부터 꿈의 안내자에 대해서는 까맣게 잊고 지낸 것 같다. 그러고 보니 그 이후로 꿈을 꾸는 횟수도 줄어들었다. 꿈과 우연도, 다른 모든 것처럼, 마음을 열고 좀 더 친밀히 열려 있을 때 더욱 친근하게 다가오는 모양이다.

　지금은 새벽 2시 40분. 3시가 되려면 20분 더 남았다. 새벽 3시와 4시 사이, 아기들이 가장 많이 태어나고 사람들이 가장 많이 죽는 시간이라고 한다. 물질적인 세계로부터 영혼이 좀 더 자유로워진다는 뜻이리라. 오늘 밤은 한동안 잊었던 꿈의 안내자를 불러내어 다시 꿈과 친밀함을 나누어볼까 싶다.